明るく元気に会話しているように見えても、
憑かれているひとはいます。

「朝から不気味」

「……おはよう。もう、いい加減にしてよね、あなた。

昨日のこと、覚えてる？　あなた帰ってきて靴脱ぐなり、玄関で倒れてそのまま寝ちゃったのよ。週末だからって飲みすぎよ。ベッドまで運ぶの、大変だったんだから。

さあ、昨日入ってないでしょ。お風呂沸かしといたからさっさと……なに？　このニオイ。これ白梅香じゃないの、お義母さんが好きだった。あなた、またお義母さんに呼ばれちゃったの？　もう、お義母さんったら！　酔ってるときばかり自分のお墓に誘いだして。やっぱりあなた、お寺でもらった御札を持ち歩くようにして。

じゃないと、そのうちお墓以外のところに連れていかれちゃうわよ！」

「あなたですよ」

「すみません。申し訳ないんですけど、立ち読みするの止めてくれませんか？　どんな内容なのか、ちらっと確認するくらいだったらいいんですけど、次のページにまでじっくり目を通すのはどうかと思うんですよね。そうやって強く持ってカバーが傷んでも、責任とらないんでしょ？　いつもみたいに本棚にもどして、しらっと帰るつもりなんでしょ？　近頃、本屋の経営がキビしいの知っていますか？

ほら！　あーあ。遅かった。怒ってますよ、店長。いつも立ち読みのひとが現れるたびに、あんな顔して睨んでくる。自殺してもう八年も経つのに」

「これ守れよ」

「新人。お前もうすぐ着く現場、初めてだろ。いまからいうこと絶対守れよ。まずラジオ体操な。これ、終わったらみんな並ぶから。お前も並べな。ちっちゃい神社の模型みたいなのがあって、そこで手ぇあわせるから。これちゃんとしろよ。次に昼休み。メシのとき現場から離れるなら塩な。出入口の門扉《もんぴ》の横に机があって、そこに塩あるから肩にチョットでいいから、かけとけな。これもちゃんとしろよ。高いところ登るとき以外もな、階段使うときも命綱、二階からでもつけろな。時間かかってもいいからな。みんなそうしてるから、これ絶対な、ちゃんとしろよ。オンナいないからな。男の職人ばっかりな。もしも、作業員でオンナいたら朝礼のときいうハズだから。朝礼でいわれた以外のオンナいても、特にそのオンナが着物とかなら無視な。お前のほうを見て笑っててても無視な。これいちばんちゃんとしろよ。

足元見たとき手があっても気にするな。なんにもできないから無視な、無視。びっくりして体勢崩したりしたら危ないからな。そういうの心がけて、ちゃんとしろよ。仕事終わったら、帰る前にみんなまた並ぶから。お前も並べな。朝と同じな。ちっちゃい神社の模型のとこ。手ぇあわせて、今日もありがとうございましたって。お祈りしてな。これちゃんとしろよ。全部ちゃんとしてたら六割がた大丈夫だからな！」

「これ守れよ」

「かくれんぼ好き」

「しぃーっ。Iくん、しずかにね。ここならぜったい、オニにみつからないから。もし、ふすまをあけられても、フトンをかぶったらバレないから、だいじょうぶだよ」

「……だいじょうぶかなあ」

「ふふ、なんかおもしろいね、ぼく、なんか、わらっちゃうよ」

「……おもしろいねえ」

「Iくん、かくれんぼ、すき？　ぼくは、すごくすきなんだけど、すき？」

「……すき、かな」

「でもね、ここでね、ずっとかくれていてね、もしだれもね、みつけてくれなかったらね、それって、けっこう、こわいよねえ」

「……こわいねえ」

「でもね、いまね、まっくらだけどね、だけどね、もしも、ぼくたちふたりだけじゃなくて、もうひとり、このおしいれにいたらね、それもこわくない？」

「……それもこわいね」

「こわいねえ、きっとこわいよ。うん、きっとこわいよ、ねえ、Ｉくん」

「……Ｉくんってだれ？」


「ぎゃああッ！」

「びっくりした！　どうしたの？　まだ、かぞえおわってないよ」

「おしいれにかくれたら、な、なんかしらないふたりの、はなしごえ！」

「条件つきの物件」

「あのさ、この前いいなーって、いってた、平屋の戸建て。覚えてる？」

「ああ、いってたね。鳩ケ谷の物件だろ。内見させてもらったの？」

「うん。いってきた。なんかね、絶対に開けてはいけない物置小屋が庭にあった」

「なにそれ？　家主さんが使ってる小屋が庭にあるってこと？」

「使ってはないけど、家主さんの奥さんが自殺した小屋らしいよ。家主さんの奥さんが外にでてくるから、戸が御札だらけだったのね。そこ絶対開けちゃダメだって。それでもいいなら貸すって。どう思う？」

「怖いの通りこして」

「え？　変な人形って、どういう意味？」

「だから動くのよ、コレ。パタパタ動くの、夜、電気消して寝るときに。勝手にそこの飾ってる位置から移動して。この部屋のなかを走りまわるの、パタパタ、パタパタ」

「なるほど、心霊系ユーチューバー目指す気なんだな。いつから始める？」

「マジよ。もう何回もあったもん。こう見えてコレ、呪われてると思う。ほら、人形って人の形してるから、魂が入りやすいっていうし。コレ、そうだと思う」

「いや、オレもマジでいわせてもらうならさ、日本人形とか、まあ不気味じゃん」

「そうね、まあ不気味ね」

「あとフランス人形。あれも見た目、なんか怖いよね、そういう目で見るとだけど」

「そうね、なんか怖いわね」

「コレ、五センチじゃん。塩ビじゃん。アニメキャラじゃん。ただのアニメキャラじゃないよ、むかしから人気、子どもから大人まで大好き、国民的キャラクターよ」

「あんまりコレを知らないひと、いないわね、確かに」

「そうだよ、しかもコレ人間の形か？　こいつロボットだろ、未来からきた」

「そうね、正確には未来からきたネコ型ロボットね」

「コレが動くって、もうなんか怖いの通りこして逆に嬉しくね？」

「わかってないわね、そのときになったら怖いの」

「オレ、何回も泊まってるけど、そんなの見たこともないし、足音も聞いたことないよ。てか動くわけないじゃん。関節ないどころか、足と足がくっついてるし」

「いつもひとりで寝てると、それ動くの。足はくっついてるけど走りまわるの」

「お前ってそんなメルヘンだっけ？」

「わかった。今日は明日早いから帰るっていってたよね。コレ、持って帰ってよ」

「いーよ、持って帰ってやるよ。なんだったら枕元に飾って寝てやる。万が一、動いたところでこんなもん、ぜーんぜん怖くねーよ」

「はい、もしもし……」

「おい！　めちゃくちゃ怖いわ、どうなってんだよ！」

「だからいったじゃん、動くって。枕元にないの？」

「いま電気つけたけど、ないよ！　飾ってたのに。どこに隠れてるかわかんねえ！」

「よくベッドの下とかに移動してるよ。もう眠いから明日でいい？　切るよ」

「待てよ！　怖くて確認できねえよ！　パタパタうるせえし、コレどうしたんだよ！」

「友だちの子どもからもらった。その子病気で亡くなった」

「オレに渡す前に、それいえよッ！」

「理不尽多し」

「もしもし、あのですね、駐車場のボクのスペースに誰かが駐車していて、停められずに困っているんですけど……そうですよね、管理会社にいわれても困りますよね。

こういう場合ってどうしたらいいんですかね……警察ですか。そうですか。今日は疲れているので、もうどっかのパーキングに停めます。はい、はい、どうも……」

「もしもし、あのですね、駐車場のボクのスペースに誰かが駐車していて、停められずに困っているんですけど……警察は民事に介入できない？　犯罪じゃないんですか。

そうですか……管理会社ですか。いえ、管理会社には昨日連絡したんですよ。そしたら管理会社には警察に電話してみたら、みたいなこといわれまして……はあ、やっぱり警察は民事に介入できない、ですか。その『警察は民事に介入できない』ってセリフ、さっきとまったく同じいいかたとイントネーションですね。よく使う言葉なんでしょうか。こういうのって皆さん、どうされるんですか？　はあ……弁護士に相談して訴える、ですか。そんな面倒なことしないとダメなんですか。もう悪いことしたもん勝ちなんですね。朝確認していませんが多分、昨日からずっと停めっぱなしなんですよね……貼り紙で注意を、ですか。相手の神経を逆なでするとトラブルになるから書きかたに気をつけて……ですか。悪いのはむこうなのに、そんな気を使わないといけないものなんですか……わかりました、もういいです。それじゃあ、失礼します」

「もしもし、あのですね、駐車場のボクのスペースに誰かが駐車していて、停められずに困っていたんですけど……あの、さっきもかけたんですよ、この番号、警察に。ええ、民事に介入できないのは知っています。

気がつかなかったんですけど、なかにひとが乗っているみたいなんです。こっちみてげたげた笑っているんです。普通じゃない感じがして、声はかけていません。

もしかして、あの、もしかしてなんですが……なんか変なクスリでもやってるみたいな……普通じゃない変な笑いかたなんです。頭を上下に揺らして……これって注意したらトラブルになると思うんで、ちょっときてもらえませんか？　無理ですか？　あ、これはきてくれるんですね。よかったです。どうしようかと思いました。申し訳ありませんが、お願い致します」

「……昨日から停まってたってことね。それじゃあ、昨日は車、どうしたの？　ふん、ふん……疲れていたからパーキングに車を入れて、自分は帰って寝た？　普通、借りている駐車スペースに他の車停まってたら、なんとかしようとしないかな。なにもせずに自分でお金払ってパーキング停めるかな……電話したけど誰もなにもしてくれなかった？

ホントかなあ。普通は怒って、自分でなんとかしようとすると思うんだけど。

とにかく……キミの話、証言が変だよ。ゲタゲタ笑っていたっていうけど実際、車内では練炭自殺していたワケでしょう。調べないとわからないけど、死後ちょっと経っているよ、あの遺体。まあ、とりあえず、ちょっとキミ署まで一緒にきてもらえる？　できればクスリとかやってないか検査したいし。じゃあ、ちょっといこうか」

「――を探して」

「はい？　なんですか？　もう一度お願いします」

「あのね、この――で――が――したところ探してるんだけど」

「え？　なんですか？　もうちょっと大きな声でお願いします。聞きとれなくて」

「あのね、この近くでね――が――したところ探してるんだけど」

「すみません、まだわかりません。この近くで、なにを探しているんですか？」

「はあ……」

「いや、おじいさん、なんかすみません。もう一度だけチャンスをください」

「この――くで――が――したところ、探してるんだけど――のところ」

「増えました、わからない箇所が。すみません、わからないです。あ、信号が青になった。急いでるので申し訳ないですけど、他のひとに聞いてください、すみません」

「ってことがあったんだよ！」

「なにそれ？　なんでドライブデート中にそれ思いだしたの？　意味わかんない」

「いや、だから！　そのおじいさんと会ったの二十年近く前なの！　それなのに、あそこ！　あそこの信号機のところ！　そのおじいさんが立ってる！　歩いているひとに、ほら、いま声かけて！　無視されたおじいさん！　あのおじいさんが、そのときのおじいさんなんだって！　ほら！　着物の！」

「なにいってるの？　着物のおじいさんなんて、どこにもいないよ？」

「縁切《えんぎり》神社の暴走」

「もうマジで最近彼氏ウザいわ。金もないクセにやたら上から目線やし」

「まあそういう男の子も多いな、やたらプライドだけ高いというか」

「なにいっても話聞いてる感じせえへんし、もう正直飽きた。別れたいわ」

「飽きたはちょっとかわいそうやけど、U子がそう思うんやったら別れたら」

「あ、そうや。今度、縁切神社いけへん？」

「縁切神社？」

「新しい彼氏できるようにお願いするねん。Y美も彼氏できるように一緒にいこう」

「私、縁切っていうネーミングから怖いんやけど」

「わかってへんな。悪い縁を切って、良い縁と結びつけるから縁切神社やねん」

「私、別に悪い縁なんかないし。そもそも神頼みすること違う思うねんけど」

「気がついてへんだけで、Y美にも悪い縁があるねんって」

「ないわ、なにいうてんの。そんなものありません」

「あるんやって。それが邪魔して彼氏ができへんの」

「そこまでして彼氏作りたいとは思わんし」

「なあ、いこうや、ランチおごるからつきあってやあ。お願い」

「ついていくだけならいいけど、ホンマにランチおごってや」


「へえ、ここが縁切神社……てか、ひと多くない」

「日曜やし。みんな切りたい縁、てんこ盛りあるねんって」

「そう考えたら、なんかちょっとクレイジーに見えてきた」

「じゃあ私、並んでくる」

「ああ、私は別にいいから」

「え？　いいの？　せっかくきたのに？」

「切りたい縁ないし、なんかゴミゴミしてるから、あっちで待ってるわ」

「うん、わかった。ほな、いってきまーす」

「なんか縁が切れてるって感じするわ」

「なんやその感じ、意味わからん。なに食べようかな。カルボナーラ、太るかなあ」

「あ。私、これ好きやねん、パクチー。このカフェプレートにしよ、すみませーん」

「私、やっぱ玄米のカオマンガイ、あとこの子はパクチーのカフェプレート」

「申し訳ありません、本日パクチーのカフェプレートは品切れになっておりまして」


「U子ですか？　知らないです。私もLINEしたんですけど既読もつかなくって」

「そっか。さすがに一週間も無断欠勤したらヤバいから……うん、わかった」

「なんかわかったらすぐ報告します」


「あーあ、U子なにしてるんやろ。このままやったら、ホンマにクビになってまうで」

「Y美ちゃん。ちょっといい？　いま大丈夫？」

「あ、先輩。お疲れさまです。どうされました？」

「あんな、ちょっと聞いたんやけど、U子ちゃんと最後に会ったん、Y美ちゃん？」

「多分、そうです、会社の人間のなかなら、ですけど」

「縁切神社にお参りにいったたって聞いたんやけど、ホンマかな？」

「はい、いきましたけど……それがなにか？」

「あのね、終わったらちょっと時間あるかな。飲みにいけへん？　話があるから」

「あ……大丈夫ですよ。わかりました。じゃあ、終わったら会社の前で」


「あのね、神社でU子ちゃんとY美ちゃん、なにをお願いしたか聞きたいねん」

「なにをお願いしたかですか？」

「誰にもいわんから教えてくれへん？」

「……確か、彼氏に飽きたので別れたいみたいなこと、U子はいってましたけど」

「……飽きたから」

「あの、それってなんか問題あるんですか」

「そうやね、ひととして問題、かな。Y美ちゃんはなにをお願いしたん？」

「私は彼氏自体おらんし、なにもお願いしませんでした。もっと正直にいうと、私の家の宗教、他の宗教に手をあわせたらダメなところなんです。私は別にそんなん信じてないし、どうでもいいんですけど、親からそういわれてたから、なんとなくいまもやってないだけですけど」

「なるほどね。ということは神社にいこうといいだしたのはU子ちゃんのほうね」

「あの、なんなんですか？　なんかあるんですか？」

「私、何年も前にそこいったことあるねん。○○○○○って名前の神社やろ？」

「そうです、そこです」

「私もY美ちゃんみたいに、トモダチに誘われていったんよ。酷い目にあった」

「ちょ……なんか怖いんですけど、どういうことですか？」

「あのね、私を誘ったトモダチは同じ会社の子じゃなかったんやけど。すごい美人で。何人かの男性と……愛人契約みたいな関係を持ってたんよ。そのおかげでお金にはまったく困ってなかったし、かなり裕福な生活をしてたてん。あるとき、つきあい始めた彼のことが本気で好きになって。

　愛人たちがおることが見つかったらフラれる思って、いままでごちゃごちゃしてた関係を整理しようとしてん。別に信じてたワケやないんやけど、縁切神社にいこうって話になって。私もY美ちゃんと同じで彼氏おらんくて、とりあえず悪い縁が切れたらいいわ思て、一緒にいってお参りしたわ。そしたら――」

「そしたら？　どうなったんですか？」

「事故、病気、事故、心臓発作、病気、病気……そのトモダチのまわりで、すごい数の不幸があって。なかには亡くなったひともおった。あまりにも立て続けに起こりすぎて、もう異常としかいいようがなかった。毎日のようにイヤな報せが届いて、これは普通じゃない、なにか起こってるって気づいたんやけど、そんなもの止めようがなくて。彼女もみるみるうちに衰弱して、顔つきも別人みたいになってたわ」

「そのトモダチの好きな彼はどうなったんですか？」

「いちばん最初に不幸の報せが届いたのがその彼。事故で体がまともに動かなくなってもうたんよ。それだけでもめちゃくちゃ悲しかったのに、関係を持った男性たちが次々に不幸になって。それでも止まらず、トモダチの勤めていた会社が倒産して、家族もほとんど入院して事故にあって――。もう話を聞いているだけで私、体調が悪くなったもの。トモダチ、もう最終的には悲しんでもなかった。どこ見てるかわからん目で笑ってた。私、調べたの。あそこに祀られてる神さま。いいかた悪いけど、あれは神さまじゃない。怨霊みたいなモノになってると思う」

「なんですか、その話は……」

「あの神社のモノは毎日、みんなから縁を切るお願いをされて、怒り狂って暴走してるんやと思うねん。あそこの絵馬見た？　実名で、死にますように、不幸になりますようにって書かれてるねんで。ひとを大事にせず、縁を切りたいなんていう人間たち、大事に扱うと思う？　それ知ってたら、私もお参りなんかせんかったのに。私の罪は『そこまでするなんて知らんかった』ってことだけやけど、もう遅すぎたみたい」

「もしかして先輩もなにかあったんですか？」

「私はまだ運が良かったからこれくらいですんだよ。片目、義眼やねん。ほら」

「……！」

「U子ちゃんの話にもどるけど、あの子がホンマにいい加減な心根の人間やったら、ありとあらゆる縁を酷い方法で切られる。だから私思うんやけど、Y美ちゃんはもう彼女と連絡とらんほうがいいよ。かかわったらすごい力に巻きこまれてしまうような気がするから。というか――もういますでに、かかわる気持ちなんかないんと違う？

全部をマイナスに変えてしまうのが、あそこに祀られてるモノの怖さなんやから」

「踏切の箱」

「ほら踏切の横、柵があるだろ？」

「あるね。というかレールの横に柵なんて、たいていどこにでもあるだろ」

「いや、あそこよ、よく見て。なんか箱みたいなの載ってない？」

「……ホントだ、柵のてっぺんに無理やり縛りつけられてる。なんだろ」

「あれって箱だよな」

「そうだな、木でできた箱だな、あれは」

「あれ夜見たらさ、ときどきなんだけど、なんかひとの顔に見えることあんの」

「顔？　顔にはさすがに見えないだろ。四角すぎるわ。お前想像力怖すぎ」

「なんでだろうね、あんなのが顔に見えるって」

「気のせいだろ。帰り、またここ通るから、そんとき見てみようぜ」

「だな。そうしよう。見てくれよ」

「ぜんぜん見えねえよ、四角い箱って感じ」

「あ、ちょっと待ってよ。いったん自転車停めて、電車待とう」

「なんで電車待つんだよ、わざわざ」

「遮断の棒がおりてくるとき、警報機が鳴ってランプがつくだろ。その光の加減で、あの箱が顔に見えるかもと思って。ちょっと待ってみよう」

「ぜってー見えないよ。だってあれただの箱だもん、あ、鳴った」

「ほら、見てて。顔に見えるから」

「見てるよ。箱だよ」

「いいから見てて。通りすぎるときの電車の影も関係あるかも。警報機うるせー」

「関係ねえよ、箱だよ！」

「え！　なんていった！」

「ただの箱だっていったんだよ！」

「くるぞ、電車くるぞ、ほら、見てて。きた！」

「箱だっつうの！　ったく……（あれ被せてオレの首が見えないようにしてんだよ）」

「あれ、今日は見えなかったな。お前いまなにかいったか？」

「箱だっつうの、っていったんだよ。もういこうぜ」

「そうだな、いこう。でもなんであんなとこに箱かぶせてるんだろ」

「タクシー怪談四」

「いっかいありますわ、ゆうれい。

なんか知らんけど、いつの間にか消えてましてん。あ、これかあ、思いましたな。

でも、困ったのは、この料金メーターありまっしゃろ。

これって会社に管理されてるんで、つけたら記録が残りますねん。

会社にゆうれい乗せたいうても信じてくれへん。ワシが払わされまして。それからそのゆうれい、ずっと探してるんですわ。金回収したろ思いまして。はは、無理か」

「私はありませんが、先輩が乗せたことあるっていってましたよ。

ずいぶんむかしですがね、夜中、板橋駅のほうで停めてたらノックされまして。顔色の悪い男性が乗ってきて『高島平の団地まで』っておっしゃって。

ずっと話しかけたけど、うんともすんともいわなかったらしいです。あまり話したくないひとなんだろうと、空気読んで黙って運転してたみたいで。しばらくして団地に近づいて、どこらに停めましょうかと聞いても返事がなくて。ミラー見たらいないんです。車停めて振りかえったけどやっぱりいない。どういうことかわからず、ワケがわからなくなって。夢でも見てたんだろって、落ち着いてからまた板橋駅にもどったそうです。同じところに他のタクシーが停まってたんで、なんとなく見てたら、さっきの男性がいつの間にか道に立って、その前のタクシーに乗っていきました。それ見て、本当にゆうれいっているんだ！　と思ったそうです。当時、高島平団地は自殺のメッカみたいなところでしたからね。あそこなら死ねるというウワサが広がって日本全国から自殺者が集まり飛びおりていました。屋上にロープを張って飛びおりないように対策しても、そのロープで首を吊って屋上からぶら下がってるような酷いありさまでした。それなら別に自分の家や地元でもできることなのに、そこでならやり遂げることができると信じて実行してしまうんだから、人間というものは不思議ですね」

「ゆうれいですか？　特にありませんねえ。ただ、無線で悲鳴が聞こえておどろいていたら、他のタクシーから『オバケを乗せました、いま！』という声が流れてきたことがあって。こっちはそのときお客さんを乗せていたので、一緒に青ざめていたんですが、なんだったのかは、いまもわからないままですね」


「あります、あります。怖かったですよ。

長距離で上野から会津若松までいきまして。忘れましたけどなんだったかな、お急ぎのご用事だったらしく、むかったのが零時前だったと思います。高速を走らせまして到着し、ちゃんとお金も払ってくれました。その帰りです。

また高速でもどるとき、お腹が空いていたのでサービスエリアによったんです。

そこでご飯を食べて。さあ帰ろうと思って外にでると、車の前におんなのひとが立っているのが見えたんです。まさか乗りたいのかなと思って近づいたら、いつの間にかいなくて。気のせいかと思って乗りこんで発進させたんです。

ときどき、ため息みたいなのが後部座席から聞こえて。ミラー見たら、さっきのおんなのひとがいるんです。すぐに（これ、人間じゃない）って思いました。

びっくりしましたけど車、停められないじゃないですか。

仕方がないので震えながら、事故しないように運転してましたよ。

何度も確かめたんですが、そのおんなのひと、笑ってて、消えたり現れたりを繰りかえすんです。もうたまらなかったですよ。しばらく走って、またサービスエリアによったんです。そこで外にでて車内を見たけど、誰もいなくて。でも怖くて乗る気になれず、夜が明けるまで待ちましたよ。あんなのはもう二度とごめんですね。それにしても……どうして笑ってたんだろ、あのひと」

「それはいえない」

「なにがいちばん怖いって父親に聞いたら、母ちゃんと答えられました。冗談でおかん、つまり自分の妻のことをいってると思いましたが違ったんです。父親の母、オレからしてみたら祖母ですね。もう亡くなってずいぶん経っているんですが、化けてでることがいまだにあるそうで。えらく怒っているそうですよ。あることをすると夜、必ず現れるらしいんです。

あることってなに？　って尋ねても『それはいえない』の一点張りで答えてくれない。夫婦喧嘩？　浮気？　思いつく限り、いろいろ聞きましたが、まったく違うそうです。どうやらオレが想像できないことのようで。なんなんでしょうね？」

「万引きの疑いあり」

「ボストンバッグに顔を近づけたりしてたよね、コソコソと。万引きっていうのは窃盗ですよ。立派な犯罪なんだから。学生でも許されませんよ。自分でだしなさい」

「パクってないっていってるでしょ、見てないでしょ、パクってないんだからッ」

「あのね、こっちはもう経験でわかるの。すぐバレちゃうの。すぐにピンときたね。あ、コイツやってる、てね。万引きってのはね、動きがおかしいからバレるの」

「お前がおかしいわ、勝手に決めつけてひとを犯罪者みたいにいってェ」

「いいから早くだしなさい。いまなら親呼ぶくらいで許してあげるから」

「うるせえ、親は家にいないわッ。マジでふざけるなよ、このブタ」

「あんたね、そんな態度続けるなら学校と警察に連絡するぞ」

「だからパクってないって、ずっといってるでしょ、何回いえばわかるの、このタコ。

せめてパクるところ見てからいってよね、お前こそ訴えてやろうか、クソがッ」

「ブタやらタコやらクソやら。口が悪すぎるよ、キミ。どういう教育受けたら、こんな子に育つんだ。もういいから早くだしなさい。ださないなら、もうこちらで確認させてもらうよ、そのボストンバッグ渡しなさい」

「やめてよッ、パクってないっていってるでしょ、あッ」

「もういいから、まったく。盗んでないならいいでしょ、確認しても。なにかやましいことがあるから抵抗してるんでしょ」

「やめてよッ、かえしてよッ」

「もういいから、いったいなにを盗んだ……わああッ、なんだこれッ！」

「ママ！　バッグのなかで笑って見てないで！　コイツめちゃムカつくから、はやく殺して、ぶち殺してッ」

「テンション高め」

「ども、初めまして！　うっわ、超かわいいね、そのアクセサリー。なんつって！　うそうそ！　キミのほうが可愛いですすこれマジでカワユス！　あれ？　あれあれあれ？　もしかしてこういうお店ってもしかして初めてな感じ？　キャッチのお兄さんに落とされた感じな感じ？　超新鮮なキミに自己紹介とかアリ？　オレホスト歴まだピカピカの一年！　台東区在住二十二歳ＴＡＫＵＹＡっす！　超よろしく！　名前なんていうの？　出身は？　教えて！　いや、あてる！　あててみせる！　オレこう見えても占いとかすんげえ得意ですんげえあたるサイキックばりだからちょっと待って！　んん！　はあ！　見えてきた、見えてきた！　キミの出身はドバイ！　名前はフローラルちゃん！　せい！　どう？　あたってる？　正解？　ハズレ？　どっちなんだい！　やー！　おや？　おやおやおやおや？　フローラルちゃんしゃべらないね！　テンション低いのマジオレあげるから、あがったら右手さげて左手あげてね！　あ、飲み物忘れてた！　うっかりやさんなオレ！　なに飲む？　なんでもいい！　もうオレなんでもいい！　さっきそこのビルの上から飛びおりあったの聞いた？　たまたまこの店むかって歩いてたんだけどバーンって音がしたからマジでビックリしてバーンってなってオレもバーンって叫んでこの店に登場していまに至るんだけどバーンバーンバーン三連発で飛びおりた子が亡くなってもオレがそのぶん生きていくから無敵モードで今日も営業してるんだけど今日こそ指名もらうぞ！　指名！　しめい！」

「しっかりしろ！　はやく立てよ！　すみません、救急車呼んでください！　コイツ、そこで死んでるホストの飛びおり自殺、目の前で見て変なんです！　いきなりぶっ倒れて！　なんでお前がホストみたいなことしゃべってんだ、おいッ、しっかりしろ！」

「しめい！　しめい！　しめい！　いちねんたってやっとしめい！　しめい！」

「来なくなった客」

「ああ、寝不足。休憩のまかない、食べるんじゃなかった。余計眠いわ」

「おかえりなさい。やることないですからねえ。コロナでヒマすぎ、この喫茶店」

「掃除ばっかりやらされて、ホント退屈。もう拭くところないっちゅうねん」

「厨房のひとりはわかりますけど、ホールふたりって意味ないですよね」

「なんか政治もヘボいけど、ここの店長のシフト作りも下手よねえ」

「ふたり使うよりも、ひとりにして、みんなの時給上げたほうがありがたいですね」

「家帰ってもやることないし、学校も休みだし、生活乱れまくり。なんだかなー」

「でも私、あがったら彼氏と久々デートですよ、夜」

「いまどき彼氏がいる子って珍しいね。私の大学でもあまり見かけないよ」

「そうですか？　私のまわりには多いですけど。恋人いるひと」

「嫌味とかいっちゃう？　コロナでどこもいけないのに彼氏なんかどこで作るの？」

「私はマッチングアプリです。てかそれ以外の方法ってあるんですか？」

「いや知らないけど。私そういうのやらないし。絶対結婚できんわ」

「私は絶対します。子どもとか早く欲しいので」

「あんた子ども好きなの？　なんか意外。落ちつくより遊んでるタイプかと思った」

「子ども好きですよ。可愛いじゃないですか」

「前にここの常連、子どもよく連れてきていたママがいたんだけど、最近こないね」

「いました？　そんなママ？」

「いたじゃん、あんた覚えてないの？　ってか知らんか。アンタが入る前だわ」

「そうなんですか。そのママのお子さん、可愛かったですか？」

「可愛かったというより、めちゃ元気。なんかママとつりあってなかったし」

「ママとつりあってない？　元気な子どもがですか？」

「そ。ママはなんか病弱な感じ。てか、なんかすげえ病んでる感じだった」

「病んでるひといますよね。病みオーラってすごいから、すぐわかりますよね」

「心中しそうな雰囲気で怖かったな。子どもは元気に走りまわっていたけど」

「しんじゅう？　心中ってなんですか？」

「家族で自殺みたいな意味よ。もうちょっと勉強しなさいよ」

「なんで？　家族で自殺するんですか？　意味わかんない。あ、できたみたい」

「……ちょっとアンタ。そのオムライス、どこ持っていくの？」

「え？　どこってお客さんの席ですけど」

「いま誰もいないでしょ？　なにいっているの？　どこの席にお客さんいるのよ」

「先輩こそ、なにいってるんですか。いますよ、窓際の席に」

「いないって。ほら、ちゃんと見てみなさいよ。どこにいるのよ」

「……ホントだ、あれ？　さっきまでいたのに、ちいさい男の子がひとり」

「男の子？　子どもがひとりで喫茶店に入るワケないでしょ？　なにいってるの」

「あ、いた。いま先輩の背中にしがみついてる子ですよ、可愛い、ふふふ」

「偶然なる不愉快」

「おっす、久しぶり！　元気してた？　なんかやつれた？」

「久しぶり。仕事変えてさ、めちゃめちゃ頑張ってんだよ、おれ」

「そうなんだ！　転職したのか。いいじゃん転職。オレも会社辞めてえなあ」

「いや、このご時世に転職とか止めておいたほうがいいって。オレはコロナのせいで店がつぶれたから仕方がなく変えたの」

「なんの仕事してんの？　キャバクラ？」

「お前の願望か？　なんでキャバなんだよ、夜の仕事したことねえよ」

「なんだよ、つまらねえな。キャバクラで働いて安くしてくれよ」

「オレらの歳でキャバクラいくの、オレの知ってる限りお前だけだよ、おっさんか？　やっぱ実家が金持ちだと違うね、遊びかたが。オレはいま警備員だよ、普通の」

「警備員って夜の仕事じゃねえのか?」

「シフトで決めれるけど、意外に夜は人気あってオレは早い時間ばっかりだよ」

「そうなんだ、じゃあなんでそんなに疲れた顔してんだよ、わかったお前先輩がたにイジメられてるんだろ!」

「違うよ、ばか。見廻りで歩きまわるからそれでだろ、別にそこまで大変じゃねえよ」

「考えてみたらお前が警備員ってなんかオモロイわ。警備ってなにからなにを守るんだよ。お前がこころから守りたいものはなにか一分以内に答えよ!」

「だから犯罪とか事故から企業を守るんだよ」

「勤務地っての? どこ警備してんだよ」

「いろいろだけど、オレはビルが多いな。見張り的な感じがほとんど」

「見張ってりゃいいのかよ、めちゃラクだな」

「なにがラクなんだよ、けっこう大変なんだぞ」

「夜勤してたらゆうれいとかでるんじゃないの?」

「だから夜勤じゃねえーよ。あ、でもなんか夜勤のひとたちがいってたわ、本物のゆうれいがでるフロアがあるって」

「なんだよマジかよ、どんなゆうれいなんだよ」

「いやそれがさ、公演とかやる、全然使ってない会場とかあるフロアがあるんだけど、コロナでもうほとんど使われなくなったのよ。そこ夜、見廻っているとさ、待合所みたいなところあるんだけど、そこのベンチでおんなが座ってるんだよ」

「それ普通のひとじゃん、どこがゆうれいなんだよ」

「深夜二時とか真っ暗なフロアで座ってるんだぜ。しかもセンサーとかに反応せず現れて座って、ずっとガラスのむこう、外を見てるんだってよ」

「うっわ、それマジでゆうれいじゃん、お祓いとかしようぜ」

「したらダメって、ビルの社長の謎命令ありだぞ、どんな理由なんだよって思うわ」

「お祓いしたらダメってなんだよ、イミフだな」

「しかもそのおんな、目があったら気持ち悪く笑ってむかってくるらしいぜ。なんかそこで自殺したおんならしいわ。どこで自殺してるんだよって感じ。家で死ねよな」

「ダッシュで追いかけてくんのか？　マジか？」

「いや、ダッシュじゃない、足も動かさず滑るようにくるらしいぜ」

「うっげ！　マジヤベえな。どこのビルだよ」

「新宿の○○のビルだよ、これひとにいうなよ、いちおう秘密なんだから」

「え？　そのビル……親父のじゃん」

「は？　意味わかんねえ、親父って？」

「ウチの親父のビルだよ。それって○○ホールがあるところだろ？」

「いや、そうだけど……マジで？」

「ちょっと待って電話が……もしもし、え？　いや、なんで知ってるの？　うん、うん
……わかった、姉貴のことはいわない。うん、なんかゴメン、うん。じゃあ」

「どうしたんだよ、誰？」

「親父。なんか、いまオレたちがビルの話してるの知ってた。なんでだろ……」

「姉貴ってなに？　お前、姉ちゃんなんかいたっけ？」

「うん、死んだ姉ちゃん……オレちょっと今日は帰るわ」

「え？　なんだよいきなり」

「うん、じゃあな、また連絡するわ。あと、仕事場で親父のこといわないほうがいいよ。

死んだ姉ちゃんも怒って座ってるだけじゃすませないだろうから。じゃあな」

「電波のような存在」

「あのね、お父さんに聞きたいことあるんだけどいい？」

「ん、いいよ。どうした？」

「私ね、怖い本とか好きなんだけど知ってた？」

「知ってるよ。あの気持ちが悪い表紙の本だろ。それがどうした？」

「あのね、お父さんの仕事ってお葬式する仕事じゃん。火葬するところってあるの？」

「あるよ。というか、お父さん、ご遺体を火葬するのが仕事だよ」

「え？　そうなの？　すごいじゃん」

「すごくはないけど、どうしたのそれが？」

「え？　なになに？　じゃあ毎日死んだひととか見てるワケ？」

「そうだけど、そういういいかた止めなさいよ。真面目な仕事なんだから」

「どんなの？　どんな感じなの？　ご遺体って」

「そりゃ亡くなりかたによるだろ。事故で亡くなるかたもいれば、ご病気されて亡くなるひともいるんだから。その前に、なんでそんな嬉しそうなんだお前は」

「知らなかった、ずっとお葬式のお手伝いをする仕事だと思ってた」

「お葬式のお手伝いでいいんだよ。で？　なにが聞きたいの？」

「あ、そうそう。あのね、怖い話読んでたら火葬場から電話があったみたいな話がよくあるのね。実際に電話とかしてるの見たことある？　死んだひとが」

「お前はなにをいってるんだ？　どこの火葬場も亡くなったひとに電話を貸さないし、そもそも亡くなったひとは電話なんかできない。あたり前だろう、まったく。変な本ばかり読むから、そんな考えかたと趣味になるんだ。もっと賢い本を読みなさい」

「お父さん、いまそんな常識的なことといいから教えてよ」

「そもそも、どういうことなんだ！　火葬場からの電話ってどうしてわかるんだ！」

「番号通知とかでわかるの！　もう！　教えてくれたっていいじゃない！」

「黙りなさい！　お前と話すことはない！　いいからもう寝なさい！」

「あの……事務さん、いまちょっといいですかねえ」

「はい、どうされましたか？　焼き場でなにか問題でも？」

「いや、ちょっとお聞きしたいんですが、あの、バカな質問なんですけど」

「どうしたんですか、かしこまって。ええ、どうぞ。なんでも聞いてください」

「事務さんって、ここいちばん長いですよね。あのですね、うちのバカ娘がバカで、このあいだバカな質問をしてきたんですよ」

「自分の娘さんのことをそんなふうにいってはいけませんよ。どんな質問ですか？」

「あのですね、亡くなったかたが、ここの回線から電話をかけるなんてことは、いままでありました……でしょうか？」

「は？」

「いや、ですから、あの、怖い本などにそんな与太話が載っていたらしく、そういうことが実際にあるのか聞かれまして。いや、私もバカいってるんじゃないよなんて一喝したもの、なんかあとになって気になっちゃいまして」

「……そういう変なことがいままであったか。そうお聞きしているんですよね？」

「まあ、そうですね……心霊現象みたいなものなんてありませんよね」

「ありますよ、普通に」

「え？　あるんですか？」

「先日もありました。ここの電話番号からかかってきたそうです。かけてきた相手を聞いたら、その日ここで荼毘《だび》にふされたかたと同じ名前でした」

「へえ、やっぱりあるんですか、そういうこと」

「そうですね。ただ解《げ》せないのはここの電話はこの事務室にあるんです。あとは入口に古い公衆電話があるだけ。そして電話がかかってきた時間は深夜帯。つまりこの事務室も鍵がかかっていたんです」

「はあ、ゆうれいなら鍵を開けずに入れるのでは？」

「そうですね。でも考えてみてください。ドアをすり抜けられるなら、そのまま家に帰ると思いませんか、普通は」

「いわれてみればそうですね」

「ここの電話回線を使ったのではないか、と思うんです。電話機を使わずに回線が近くにあれば通話ができるんじゃないか、と私は考えています」

「あの……ぜんぜんわからないですが、どういう意味ですか？」

「ここは亡くなったかたの体を燃やすところですよね？」

「はい、もちろんです。それはわかります」

「亡くなったかたは体がありませんよね。燃やされたのだから。もう物に触ることができませんよね。もう腕や手や指がないので。だから電話機にも触れない。ゆうれいのほうは方法がわからず、無意識で電話をかけているんじゃないかと予想しています」

「え？　無意識？　でも……電話をかけたのは間違いないんですよね」

「簡単にいったら、ゆうれいは電気や電波みたいなものじゃないか、と私は予想しています。そう娘さんに伝えてくださいい。だから怖がらなくてもいいですよって」


「つまり、そういうことだ」

「……ちょっと意味わかんないんだけど。結局、火葬場にいるの？　ゆうれい」

「電気、いや電波のなかに……ってこと？」

「電波？　ゆうれいが電気ってどういう意味？　電気だったらビリビリじゃん」

「いや、だから、回線のなかに入ってるのを気づいていないのはゆうれい？　え？」

「意味わかってないじゃん、もう。ちゃんと聞いてきてよ、期待したのに」

「ちゃんと聞いてきたよ。それがそういう答えだったんだから仕方ないじゃん」

「もういいわ、お父さんマジ使えない。あ、LINEきた。これ誰だろ？　イタズラかな。なにこれ？　スタンプ？　真っ黒だ、なんかキモっ！」

「お前もスマホとか気持ち悪い本とか、いい加減にしてしっかり生きなさい」

「ランニング除霊」

「ランニングね。これ大事、とにかく走る。毎日じゃなくてもいいけど、朝夕に四十分以上がおすすめ。そしたら体幹が鍛えられて胃腸の調子とか絶対整う。絶対にお腹の調子悪くならないから、やっていこう！」

「体幹ですか。でもお腹でてきてから調子も悪くなったし、やってみようかな」

「ランニングね。これ大事、とにかく走る。毎日じゃなくてもいいけど、朝夕に四十分以上がおすすめ。そしたら体内時計のリズムがしっかりするから絶対寝れる。絶対に睡眠不足にならないから、やっていこう！」

「確かに運動とかしない。そもそも体が疲れてないかも。やってみようかな」

「ランニングね。これ大事、とにかく走る。毎日じゃなくてもいいけど、朝夕に四十分以上がおすすめ。そしたら脳に血液がまわって絶対に回転とか良くなる。絶対にデスクワークも進むから、やっていこう！」

「外の空気でリフレッシュも大事だよね。オレもやってみようかな」

「ランニングね。これ大事、とにかく走る。毎日じゃなくてもいいけど、朝夕に四十分以上がおすすめ。そしたらやり遂げたことで、絶対自信持てる。絶対ひとの視線なんか気にしないでプレゼンできるから、やっていこう！」

「自信か。でもそうだよね。ビビってたらなにもできないよね。やってみようかな」

「ランニングね。これ大事、とにかく走る。毎日じゃなくてもいいけど、朝夕に四十分以上がおすすめ。そしたら体力と共に精神力も絶対ついてくる。絶対ゆうれいとかそういうのでなくなるから――」

「は？　ランニングでゆうれいでなくなる？　先輩マジでいってますか？」

「いや、そういうの見ちゃうのは、きっとこころが少し病んで――」

「病んでる？　あのですね先輩、腹の調子が悪いとか睡眠不足とか。あと仕事がはかどらないとか自信持てないとか、まわりのひとの悩みをぜーんぶランニングで解決しようとしすぎじゃないですか？　もしかして周囲のひとみんな、おちょくってます？」

「い、いや、おちょくってなんか——」

「前からいおうと思っていたんですけどね、自分ができることを他人にすすめて、なんでもわかった気になるの止めてもらっていいですか。こっちは真剣なんですよ。なんですか？　金縛りや家のなかを歩きまわる音がランニングで解決？　ふざけるのもいい加減にしてください。本当にこっちの身になってないからそんなこといえるんでしょ？　あげくの果てに病んでる？　それじゃ、この首を絞められたアザ、どういう説明つくんです？　ランニングで解決するんですね本当に！　どうなんですかッ」

「い、いや、それはちょっと、わからないけど——」

「わからない？　さっきいいましたよね？　変な現象のことも首の手形のことも、背中を両手で、まっすぐ引っ掻かれた話もしましたよね？　聞いていませんでしたか？」

「き、聞いていました」

「聞いていてよくランニングなんかすすめてきますね！　どういう神経しているんです

か？　ランニングしすぎると、そんな考えかたの人間になっちゃうんですか？」

「落ち着いて！　オレにできることならなんでもするから！　許して！　な！」

「なんでもするだあ？　上等だ、この野郎……いきましょうか？」

「え？　ど、どこに？」

「ぼくの家ですよ。なんでもするんでしょ？　今日泊まってもらいます」

「いや、お母さんがご飯作って、ま、待ってるから」

「メシぐらいだします。さあ、霊もランニングに誘ってみてください。いきますよ」

「降臨しない神」

メロンソーダはそっちです。珈琲は私です。ありがとうございます。

ずいぶんお痩せになりましたね。でも顔色はいいですよ。

お祓いのあと、どうなったんですか？　神さまは降りてきたんですか？

「……そんなことおっしゃってましたね、霊媒師。ぜんぜん降りてこないですよ」

ということは現象、おさまってないということですね。

「多分。っていうか『神さま』って降りてきたら、わかるもんなんですかね？」

どうなんでしょうか、神さまって目視できるものなんですかね、そもそも。

「はあ、もうどうしよう……なんでこんなことに」

神さまが降りてきて、家での不思議な現象がおさまる――そういっていたのに。どうなっているんでしょうか。神さまが降りてくるという「指示」は守っています？

「指示は守っています。ちゃんと」

なにか問題があるんですかね、もしかしたら。

「でも、あの霊媒師は指示さえ守ってたら、必ずなんとかなるっていっていたんですよ。必ずって。どうしてだろ、本当に困ってます。はあ……せめて金縛りだけでもなんとかならないですかね。眠れないのはキツいです。仕事に支障もでますし」

ちょっと復習してみましょうか。まず、玄関に盛り塩。ちゃんとしていますか？

「しています。ちゃんと盛り塩の作りかたを調べて、綺麗に作りました」

御札を部屋の奥に貼る。できれば寝室。どうです？

「貼ってますね。御札いちまいで部屋の雰囲気、ごろっと変わるのイヤですけど」

あと、その御札に毎朝、手をあわせる。でしたよね？　あわせてますか？

「もちろん、毎朝かかさず。最近は習慣化して、起きたらすぐに直立でやってます」

他には確かネットも含め、ひとの悪口をいわない、悪いひとにもかかわらない。

「あんまりSNSも見ないし、そもそも悪口いう相手、友だちいません」

そんなものでしたっけ？　あとはなにかありました？

「あります。絶対に規則正しい生活と運動と食事。実はこのあたり前っぽい条件、いちばん苦労しました。昼仕事してるのに食べたいときに食べて、寝たいときに寝てましたから。ジャンクフードの着色料とか添加物とか大好きだったし。全部やめて筋トレとかして、ときどきですが、近所の公園に走りにもいっています」

なるほど、だから痩せたんですね。

「足音、浮かぶ顔、金縛り、耳鳴り。はあ……事故物件めんどくさいです」

まったく変わらず同じなんですか、現象は。

「いえ、少しは減っています。ちょっぴりマシになった程度です。あ、でも御札のおかげか、浮かぶ男の顔はなくなりましたね。他は健在です。もうイヤです」

指示守ってますね、なんだろ、原因。

「いや、もうわかんないですよ、やっぱり、あきらめて引越ししようかな」

盛り塩してる、御札貼ってる、手をあわせてる、悪口いわない、悪人とかかわらない、ちゃんとした生活リズム、運動してる、食べものもジャンクフードを……ん？

「どうされました？　なにかあります？」

あの、さっき食べもの。ジャンクフードをやめたっていってました？

「やめましたよ、スッパリ。もう自炊ばっかりして、ついでに料理も上達してしまいました。肉とか野菜はスーパーで買っていますし、他の食材も調味料とかも、添加物が入っていないのに徹底しています。自分ではかなり完ぺきにやっているつもり——」

あの、飲み物はどうでしょうか？　いまメロンソーダ、飲んでますけど。

「飲み物？　飲み物って食事のなかに入るんですか？」

多分……入りますね。口から摂取していますし。

「メロンソーダってメロンから……そんなワケないわ。これバリバリ添加物」

家では？　ジュースとか飲んでますか？

「飲んで……ますね、かなり。あと栄養ドリンクとか常備……してます」

ではもう少し……指示守って、ようすみましょうか。

「そうですね……甘かったですね。なんかわかんないけど、すみませんでした」

「ボブヘアのおんな」

「前髪はそのままで、そろえていく感じでいきますね。よろしくお願いします」

「はい、お願いします」

「……スーパーの袋、お水たくさん入ってますね。重かったんじゃないですか」

「わたし、水道水ダメなんですよ。むかしから両親がうるさくて、飲まない習慣がついちゃって」

「ああ、わかります。ぼくの親もそうでした。父親が浄水場で働いているんで、水にはうるさいんですよ。自分が仕事できれいにしてるのに、使わせないって変ですね」

「そうなんですか。私は本気で抵抗があるワケじゃないので、ひとの家でだされるぶんには大丈夫なんですけど、自分の住んでいるマンションでは無理ですね、水道水」

「なんかトリハロメタンとかいう化合物がよくないみたいですよ。沸騰させたらいいらしいんですが、なかなか、ね」

「手間ですよね、いちいち」

「そうなんですよね、買っちゃったほうがいいって思っちゃいます」

「この前、友だちがラーメン食べるためにお湯沸かして、こぼして火傷してました」

「それは大変だ。大丈夫だったんですか？」

「足ちょっと痕残るかもって、へこんでいました」

「火を使うときは気をつけないとダメですよね」

「そうですね、火は怖いですよね」

「ぼく一度、コンロの火をつけっぱなしにして、ボヤだしたことあるんですよ」

「ええ。大丈夫だったんですか？」

「大丈夫でしたけど、けむりが凄くて。消防車とかめちゃくちゃきましたよ」

「大騒ぎじゃないですか。ヤバいですね」

「ヤバかったっすね。すごく怒られましたもん、家主から」

「消防車といえばこのあいだ焼身自殺があって」

「……焼身自殺ですか？」

「すごかったですよ。灯油かぶって火柱みたいになっちゃってました」

「え、亡くなったんですか、そのかた」

「どうなんでしょうね。亡くなるまで何日もかかることがあって大変みたいですよ」

「うわ、エグいっすね。ああいうのって、やっぱすぐ死なないんだ」

「そうですね、燃えるものがあったら窒息死しますけど、全身が火傷だとすぐには死ねないみたいです。だいたい病院で感染症を起こして亡くなるらしくて、そのあいだずっと痛みで苦しみ続けますね。何日も、何カ月も、あなたの母親みたいに」


「おわッ！」

「店長、大丈夫ですか？」

「なんかすげえ怖い夢みたわ、うおお……怖かった」

「夢ですか？　怖い夢見るとき疲れているらしいですよ」

「マジで？　ああ、怖かった。ふう……オレどれくらい寝てた？」

「三十分くらいじゃないですか、どんな夢見たんです？」

「いや、なんかボブの女性客の髪切ってたら、すげえ怖いこといわれる夢」

「へえ、怖いことって、なんていわれたんですか?」

「ウチの母親が自殺したこと知ってて、それを急にいわれるの。怖かったわマジで」

「ボブの女性ですか?」

「そう、なんか目の細いおんなのひと」

「緑のカーディガン着てるひとでした? スーパーの袋持っていました?」

「ああ、そうだよ……ってなんでわかるの?」

「いま店の前で、こっちに手ぇ振って笑ってますよ。あのひとですか?」

「厄除けの植物」

「はあ、この辺で変わった出来事……ですか？
なにもないですよ、この辺は。ずっと静かだし、治安もいいです。
え？　この植物ですか？　これはショウブですね。漢字でこう、菖蒲と書きます。
そうですね、この地方じゃよく見かける植物です。厄除けの意味もあるみたいですが、
どうなんでしょう。本当にそんな効能あるなら、なぜウチの寝室で亡くなった祖母が
座っているのでしょう。というか、おばあちゃん『厄』じゃないか。あははっ」

「火炎放射器」

「ねえねえ、あのさ、死んだひと……ゆうれいもびっくりしたりするのかな」

「なんだよ、姉ちゃん、急にどうした」

「この前、職場でね、急いでたの。通路を曲がったら男のひとにぶつかっちゃったのよ。そのひと『わッ』て倒れちゃって」

「姉ちゃんじゃなくて、そのひとが倒れたのかよ」

「そうなの、びっくりした感じで『わあッ』っていってた」

「びっくりしてバランスを崩した感じね。それで？」

「私もごめんなさいって謝りながら、起こそうと手を伸ばしたのね。そしたら」

「そしたら？」

「消えたの。誰もいなかったの」

「え？　どういうこと？」

「私、誰もいない空間、床にむかって手を伸ばしてたのよ」

「……そのひとがゆうれいだったってこと？」

「ゆうれいかどうかわからないけど、とりあえず消えたの。どう思う？」

「――オレが二十歳くらいのとき実家のプレハブ住んでただろ」

「なによいきなり。あんたの部屋ね。あの広めのバルコニーを改築して建てた部屋」

「あそこさ、夜いきなりドアノブまわされたりしてたんだよね。すげえ勢いでガチャガチャと。開けても誰もいないし、ほら、ドアのところスキマあっただろ。あそこから外を覗いてもやっぱ誰もいない」

「そういえば、むかしなんかいってたね、気持ち悪いこと。家の敷地内だから他人ってことないし、あれ誰だったんだろうね」

「ある夜ね、そろそろまたドアノブまわるかなと思いながら、なんとなくだけど、スプレーで火炎放射器したのよ」

「火炎放射器？　そんなもの持ってないでしょ」

「ほら、殺虫剤とかスプレーあんだろ。スプレー押して噴きだしたやつにライターの火を当ててプチ火炎放射器できるのよ」

「……あんた、危ないことするね」

「それをドアの隙間からぼわッてやったの。そしたら『おおッ』って知らない男の声が聞こえた。めっちゃびっくりした声。やっぱ、ゆうれいも驚くんだよ。きっと」

「路地にて」

「あんた、ゆうれいなんか探してんの？

もの好きやね、わざわざ怖い思いしたいとか。ちょっとヘンなんと違うか。そんなん見たことないけど、そこのお寺さんいって聞いてきたら？　無縁仏知っとる？　家族のおらんひとの骨とか、そこで預かってくれはるわ。夜なったら、ようさん黒いひとたちそこで聞いたらええ。な。わかった？　そうしたらいいわ」

「土手にて」

「えっと、確かここかな。この橋の下。あそこに橋の柱があるやろ。その横に流れてきたゴミがかたまりみたいになっとるやろ。わかるか？　あそこで死体が浮いとったんや。後頭部と肩と背中が見えとった。青白かったけど、すぐにわかったわ。オレは見てないけど、嫁さんがいうには、それが手を振っとったいう話。腕だけ水面からだして、ウチの嫁さんにむかって。寒い時期やったから変や思うて、ふたりで見にいったら死体やった。もう、そこから警察呼んで大騒ぎやったわい。その夜、ちゃんとお礼をいいにきたらしいぞ。ウチの嫁さんの枕元まで。あんな姿でこられたら、たまらんいうて、ブルーになっとったわ」

「冗談のような話たち」

そうです。どうして知っているんですか？

え？　情報がまわってる？　町内で変なひとがうろついてるって……それはお騒がせして申し訳ありません。私、実はこういう者でして、ええ。取材でこの付近を調べてまわっているんですよ。その名刺の名前とか、みんなに伝えて構いませんので。

まあ、そういうワケでして、この付近を調べているのですが、なにか変わったことはありませんでしたか？　治安や事件や事故、火災災害、もしくは普段の生活のなかで、なんでもいいのですが。不思議な出来事があったとか、教えてくだされば。

例えば、ですか？　うーん、そうですね。

数年前、隣町で土砂崩れがあったでしょう？　そうです、廃屋もふくめた家が数軒巻きこまれたやつです。深夜に起こったことなのに、幸いにも死傷者はいませんでした。

みんな普通に寝ているハズの時間なのに避難していたんです。その理由は、全員が土砂崩れの夢を見たっていうんですね。全員といっても四人ほどですが。

隣町の土砂崩れが起こった場所の反対側。ちょうど山をはさむような形になりますね。そこに霊園があるんです。ああ、ご存知ですか。そうです、竹やぶで囲まれている霊園です。あそこでは深夜になると子どもの声が響き渡ります。きゃはははという笑い声で走りまわっているような聞こえかたらしいのですが、近くに幼稚園があるワケでもないのにと、気になった男性があの山に登ったことがあるそうです。その男性は行方不明になり、捜索の準備がされましたが二日ほどして自分で下山してきました。彼はすぐに神主と山の地主たちに連絡をして、大規模なお祓いを行うように指示したようです。なにを見たのかはいっさい話してくれなかったようですが以来、趣味だった登山を止めてしまったらしいです。この話、気になりますよね。

都会でも妙な話はあります。廃墟に入って、御札の貼られた押し入れのなかに、たくさんの和人形が並べてあった――そのすべてが声をだして笑っていた、だとか。

夜になったら火の玉がくるくるまわる窓、そのマンションの空き部屋を調べたら、そこはかつて何人ものひとたちが解体された有名な殺人事件の現場だった、だとか。

現れたお婆さんに電車から降ろされ、脱線事故に巻き込まれずにすんだ、とか。

こんなふうに良い話もあれば眠れなくなるような怖い話もあります。ささいな、それでも不思議な体験というものは誰にでもあるみたいなんです。いわゆる霊感と呼ばれるものがあるなし関係なく「一度だけこんなものを見た」という話が。

亡くなった祖父が窓を叩いていた話、何年も前に他界した親せきから電話があった話、子どものころの怖い記憶がよみがえり確かめにいく話、自殺したひとが亡くなった状態のまま会いにきた話、冗談みたいな話でも結構なのでなにかありませんか？

え？　なにもないけど私の後ろに影が並んでいる気がする？　またまた、ご冗談を。

「タイの意味」

「あなた、なんか今日の昼間にね、変なひとが町内にいたそうよ」

「変なひと？　変なひとってどんなひとなんだよ」

「なんかね、怖い話を知っていませんか？　みたいなこと聞いてまわってたって」

「フィールドワークじゃねえの？」

「なにフィールドワークって？　初めて聞いた」

「フィールドワークってよく大学の先生とかやったりするんだよ。その生徒がやらされるパターンもあるけど」

「そうなんだ。なにするの？」

「そりゃ研究とか、勉強している学問がなにかによるんじゃねえの？」

「へえ。例えば？」

「歴史の調査とか、お年寄りからむかしの出来事の証言を聞いたりしてレポートにすんの。オレもよくやらされたな」

「でも怖い話よ。怖い話ってなんの学問なの？」

「なんだろ？　歴史民俗学？　知らねえけど妖怪とかそんなんじゃねえの。なんでお前知ってるの？　この家にきたの？」

「ここにはきてないけど、町内会から電話がきた。不審者がウロウロしてるから気をつけてくださいって。なんかスーツ着た派手な髪のおじさんだって。何軒かの家に連絡先を渡してるみたいよ」

「うさんくさい営業マンかもな。インターホン鳴ってもドア開けるなよ」

「うん、わかってる。でも、怖い話か。怖い話ってなんだろ」

「そりゃゆうれい見たとかそんなんじゃねえの？」

「ゆうれい見たことないな。ゆうれいっているのかな」

「母さん、そんなの好きだったな。ほら、いっかい入院したことあっただろ。入院する前もこの病院は気味が悪いとか、なんか夜にカーテンが勝手に開いたとか、そんなこといってたな」

「ウチのお父さんもそういうの信じていたみたいよ。夢で死んだ友だちにあって話をしたとか聞いたことあるわ。でもそういうのって年寄りが信じるもんじゃないの？」

「いや、会社の同僚にもいるよ、信じてるヤツ」

「あ、幼稚園のママ友にもひとりいるわ、そういえば」

「神さま信じているヤツとゆうれい信じているヤツ、どっちが多いんだろうな」

「そんな話ばっかり集めていたら詳しくなるんでしょうね、ゆうれいに」

「そういうの詳しくても生きるのに役に立たないよな、マジで」

「あ、そういえばお義母さん、仏壇の話どうなったんだろ」

「仏壇？　なんだよ、仏壇の話って」

「なんか正座したひとが夜、仏壇に背中むけて座ってたって話」

「なんだよそれ、知らないぞ」

「いったじゃん、また覚えてないの？　ほら、夜中に衣擦れみたいな音が聞こえて、仏間にいったら髪の長いおんなのひとが座っていて、魚の名前を聞かれたか、いわれたみたいな話」

「なんだそりゃ？　魚？　なんの魚だよ」

「アジ……じゃなかった、タイだった気がするんだけど」

「タイ？　母さん、別に刺身好きじゃなかっただろ」

「いや、お義母さんじゃなくて、そのおんなのひとがお義母さんにそういったの。確か『タイか？』みたいなこと」

「あのひと、タイよりたい焼きのほうが好きだろ」

「いきなりゆうれいが仏壇の前でたい焼きか？　なんて聞かないでしょ」

「そんなのわかんねえぞ。たい焼きくれるかもしれないじゃん」

「タイか？　ってどういう意味だろ」

「知らないよ。それっていつの話だ？」

「先々月くらいじゃないの？　そのころからまた体調崩し始めたし」

「タイねえ。外国じゃないし。なんだろ。意味わかんねね」

「お義母さんもお歳だから、体調に気をつけてもらわないと」

「そうだな、死にたいのかってくらい、甘いもん食べるし、酒も飲むし」

「……あ、わかった」

「ん？　なにがわかったの」

「ゆうれい、いってたこと」

「なんだよ。タイ？」

「タイじゃなくない？　それ。ゆうれいだもん、そんなこといわないでしょ」

「お前が聞いたんだろ。じゃあ、なんていってたんだよ、ゆうれい」

「タイの前にまだ言葉があったんじゃない？　『しに』とか」

「しに？　『タイか』の前に『しに』つけたら」

「しにたいか」

「………」

「明日、そのフィールドワークのひと、連絡先聞いてみようかしら」

「そうだな。いちおう、こんな話あるか、き、聞いてみてくれ」

「浮かんで待つ」

「怖い話、怖い話……なんかあったかなあ」

お友だちから聞いた話でも大丈夫ですよ、なにかありますか？

「うーん、特にないかなあ」

なるほど……では私はこの付近をもうちょっとまわってみます。

「ごめんな、なんかあったら教えるんだけど。悪いね」

お忙しいなか、ありがとうございました。失礼します。

「うん、すまんね。ウチの親父の話やったらあるんやけどな。がんばって」

あ、お父さんのお話でもぜんぜん結構ですよ、良かったらお願いできませんか？

「え？　親父もう死んでしまったから、わしが親父から聞いた話だよ、いいの？」

もちろんです、ゆうれいを見た、といっていたことがあるんですか？

「いや、ゆうれいじゃないけど、戦争中、海に浮かんでいたときの話」

海に浮かんでいた？

「そう。親父はパイロットだったから。戦闘機のテスト飛行みたいなのを手伝っていて。整備が悪かったのか、しばらく飛んでたら高度どんどん落ちてしまって」

そのまま海に不時着したんですか？

「うん。助けがくるのを待ってたら夜になってしまった。さすがに海の上で遭難して死ぬのはイヤで、どうしたもんか頭を抱えていたみたいよ」

どこの海かわかりますか？

「覚えとらんなあ。でも鹿児島の基地の話をよくしてたから、あっちのほうのハズだけど……あ、サメがでる海ともいってた。そのあとお父さんはどうしたんですか？

南のほうですか。そのあとお父さんはどうしたんですか？

「なにもできやせん。だってまわりには海しかないんだから。

朝になるまで待とう――親父は席から離れ、翼に座って夜空を眺めてたらしい。

そのうち目が慣れたのか、やたらまわりが見えるのに気づく。

水平線のむこうで船みたいな影が見えたけど、灯りがついてない。助けかもと思ったが、敵国の潜水艦が水面にあがっているという可能性もある。こんなところで攻撃されたらひとたまりもない。とりあえずはじっとして動かずにいた」

そうですね、あっちの海だと、見つかって魚雷を打たれた話もあります。

「しばらくして波の音の合間、微かに『おーい』という声が聞こえたんだって。親父は声のほうに目を凝らす。ずっとむこうに、ひとが立っていた」

助けがきたんですね。よかった。

「親父もそう思った。助けがきたと。でも、その影、なにかおかしい。影は人間の形をしている。でも船の影がまったくといっていいほど見えない。まるで水面に立っているようだ――そう思ったとき『おーい』とまた声を投げてくる。親父は（あれは、おれにむかって発している）とわかった。

なぜか肌が泡立ち、冷たいものを背中に感じる。このままあれを見ていてはいけないような気がしてならず、パイロット席にもどり、目をつぶった」

こっちには誰もいないと思われるように、動かず身をひそめたんですね。

「そのあとも何度も声は聞こえた。そのうち声が増えはじめた。『おーい、おーい』『おーい』『おーい、おーい』

あいつら人間じゃない、絶対に返事をしてはいけない——。

なんとか眠ることができたが、声がゆっくりと近づいてきているように感じられて、不安で仕方がなかった。

次の日の朝、エンジン音が聞こえたので目を覚ますと助けがきていた。

なんとか戦闘機を牽引してもらって基地にもどれたみたい。

後日、仲良くしてもらってる上官に声のことを話すと『貴様、返事をしなかったのは偉いぞ』と褒められた。でも、なぜ偉いのかまでは教えてくれなかったそうだよ」

「廃屋の顔」

すみません、Tさんのお宅ですよね。

ちょっと取材をしているのですが、お聞きしたいことがありまして。

すぐそこ、このTさんの家のおとなり、廃墟になった家があるでしょう。ずっと放置されている家です、ツタだらけの。わかりますよね？

そうです、Aさんというかたが住んでいた家。ずっとひとり暮らしで、最後はご病気で亡くなってしまったAさんの家です。身寄りがいなかったのか、そのまま家は放置されているようで酷い荒れようです。

Aさん、あまり近所のひとたちと良い関係を作れていなかったようですね。

皆さん、眉間にシワをよせて思いだすし、その表情が険しいんです。尋ねたら「変わったひとだった」とか「性格があまりよくなかった」みたいなことおっしゃる。

Tさんは Aさんの家が最近、心霊スポットになっているの知っていますか？

週末になると騒がしいときがあるでしょう？　若者たちが勝手になかに入り、映像を撮ったりしてネットにアップしているみたいで。肝試しのつもりでやっているんでしょうけど、ただの不法侵入ですよね。ネットでは一家惨殺みたいなことが書かれていますが、ご存知の通りAさんってひとり暮らしでしたし。やっぱりネットの情報なんてアテになりません。

お聞きしたいのはこの写真なんです。ネットにあがっていた写真をプリントして、拡大したものがこれなんですが――ちょっとご覧になってもらえますか？

ここにひとの顔らしきものが写っているでしょ？　これってAさん本人ですか？

やっぱりTさんもそう見えますか。うーん、そうですか。ではそうなんでしょうね。

このAさん、亡くなる数年前までは近所のひとたちと仲が良かったみたいです。

ある時期から変なウワサが流れ始めたみたいです。

Aさんはすぐにひとのことを悪くいうとか、そういった類のことばかりですが。

あまりにも抽象的な「そのひとは悪いひとらしい」というウワサ。

どの業界でもよく使われるんですよ。誰かが誰かを貶めたいときに使う手法です。皆さんに誰が悪口をいっていたと証言したのか、ウワサのもとはどこからなのか、なんとなく気になって、取材ついでにそれも聞いてまわりました。みんな同じ人物の名前をいいました。Tさん。あなたですよね、ウワサを流したのって。もしかして喧嘩とかがきっかけで、その仕返しのためにAさんの評判が悪くなるよう「悪口をいっているという悪口」を利用したんじゃないんですか。

あ、怒らないでください、別に責めているワケではありません。お伝えしたいことがあるんです。

さっきも申しあげましたが、このプリント写真、顔がわかりやすいように拡大しているんですけど、もとの状態がこちらです。わかりますか？　窓のところに写っていますよね。でも、よく見るとAさんらしき顔が写っているの、Aさんの家の窓ではないんです。その窓のむこうに写っている、となりの家の窓のなか——。

つまり、この家のなかにAさんの顔があるんです。意味わかりますか？

「墓地を売った住職」

すみません、そこのアパートのことを調べているんですけど、ご存知ですか？

「ご存知ですかって、どんなこと？」

なんでもいいんですが……例えば、むかし事件があったとか。

「いやあ、聞かないねえ。最近なんかあったの？」

いえ、なにかあったとか、特にそういうワケでもないのですが。

「うーん、何もないねえ。アパートが建つ前も静かなものだったよ」

……そうですか。

「まあ、強いていうなら住職が死んだことくらいかなあ」

住職？　お坊さんですか。どこのお寺の？

「そこのアパートの横のマンションだよ。前、お寺だったの。そこの住職が突然死して。

警察がきて、騒ぎになったよ。結局、事件とかじゃなかったみたいだけど」

横のマンション？　アパートではなく横のマンションがお寺だった？

「うん、そう。やっぱりお寺さんは墓とか大事にしなきゃいけないんだろうね」

お墓？　墓地ですか？

「そんなには広くなかったけどね。お寺の住職が土地を切り売りするとか言いだして、お墓のところだけ売っちゃったんだよ。まわりには反対されたみたいだけど」

住民は反対してたんですね、墓地を売るのを。

「でも、お金がなくて背に腹は代えられなかったんだろうね。んで建ったのが、あそこのアパート。それから半年も経ってなかったんじゃないかな、亡くなるまで。でてこないから心配になった近所のひとが、布団で冷たくなってる住職見つけたの」

就寝中に亡くなったってことですね、なるほど。

「それで住職がいなくなって廃寺になったから、とり壊してマンションになったの」

なるほど……アパートは墓地だったってことですね。

「うん、そうだよ。何を調べてるの？　そのアパートでなんかあった？」

たいしたことではないです。アパートで金縛りや自殺が多いだけなので。

「墓地のあとに建った建物で金縛り、自殺ねえ。まあ、何となくわかる気もするね」

わかりますか？

「住職の遺体見つけたのオレだもん。すげえ顔してたよ。なんかあったんだろうね」

「ひとりホテル初日」

シーズンオフのホテルですか……いや、別にかまいませんが。

正直に申しますが私は怖い話を集めているだけの者なので除霊ができるとか、そういった問題解決の類のことはいっさいできませんが、それでもよろしいでしょうか？

――わかりました。本当にゆうれいか確かめるだけでいいんですね。好きなだけといわれましても……予定がありますので、一週間くらいにしておきましょうか。

もしもし。ええ、無事に到着して昨夜から泊まらせて頂いております。

部屋は適当に選んで一般客の畳の部屋にしました。

――いや、あそこは広すぎるんで普通の部屋でけっこうです。はい、おっしゃっていた事務室の引出しにありました。そのマスターキーを使わせてもらってます。

あの、コンビニとかスーパーとか近くにありませんか？　予想したより周囲になにもなくて、食事をどうしようかなと。ええ、ええ、ありますね。じゃあ、厨房のものをお酒でも食材でも缶詰でも、なんでも勝手に頂いてもいいんですね。ありがとうございます。火の後始末だけ……もちろんわかってます。気をつけます。助かります。初日ですか？　特になにもありませんでしたよ。いえ、すぐに寝ましたし。

今日の夜、探索でもします。

昨夜、寝てたらドアをノックされましたけど、このホテル私だけなんですよね？

「首吊り倉庫」

「わあ、びっくりした！　あなたは誰ですか？

ああ、支配人がいってた怪談のひとですね。私はここのアルバイトスタッフなんですが近くに住んでまして……といっても車で三十分ですが。そうです、スタッフルームです。部屋だけはいくつもあるんで、荷物をおかせてもらっているんですよ。

聞いていますよ、よく泊まる気になりましたね。ここ夜、怖くありませんか？

私ならですか？　無理ですね。夜は絶対きませんし。気持ち悪いじゃないですか。

シーズン中は他のお客さまもたくさんいるので大丈夫ですけど。スキーやスノボのときはにぎやかなんですよ。それが雪がなくなった途端、これですもん。

夜、外のリフト見ました？　本館の二階に吹き抜けの階段があるんですけど、そこから上にあがると、レクリエーションスペースがあるんです。キッズランドって看板が掛けられて、幼児の遊具とか玩具とか、まあ子どもが遊ぶところですね。そこの壁がガラスになって外がよく見えるんですけど、リフトの真ん前なんです。そこから止まってるリフト見ると、けっこう怖いのでおすすめです。見てくださいね。

あと怖いところですか？　うーん、どこだろ。私は倉庫かな。一階に荷物を搬入するスロープがあるんですが、そこの前に倉庫があります。その倉庫、是非いってみてくださいい。自殺した従業員が、ときどき首吊ってますから」

「冷蔵庫おんな」

「どーも、こんばんはぁ……あ、お料理中ですか？

支配人から電話があって、新鮮なものを買って持っていってあげてと頼まれまして。お肉や野菜やフルーツ、買ってきました。じゃあ、そうだな……この冷蔵庫に入れておくので、良かったら食べてください。これでよし、と。自由に使ってくださいね。

ああ、お料理できましたか。ほう、ペペロンチーノですか。具材がたくさんで美味しそうだ。仕込みの冷凍していた野菜を使ったんですね。あ、そのベーコンおすすめですよ。どうぞ、どうぞ。私に遠慮せずに食べちゃってください、出来立てがいちばん美味しいですからね。さすがに生はありませんが、もしビールが飲みたかったら、あっちの冷蔵庫にあります。特産品の食べものは冷凍ですが、こっちの冷蔵庫に。

いやあ、これだけ広いところで、おひとり。なかなかの勇気ですね。私は支配人のむかしの仕事仲間です。冬はここにきてホテルのお仕事の手伝いもするんですよ。

あいつのむかしの仕事はなにかって？　移動販売やってたんですよ、ふたりで。ほら一時期、流行ったでしょ、メロンパン。そうです、クッキーみたいな生地の。あのころは儲かってたけど、他の業者にレシピが漏れるともうダメですね。ははっ。

どうですか？　ゆうれいでましたか？　はい、話は聞いてます。

あ、まだですか。ここでいちばん気持ち悪い場所ですか。うーん……どこだろ。

ここね、みんな料理できるスタッフなんです。コックがいないんですよ。正確にいうと辞めちゃうんですね。だから注文入ると困るし、朝はバイキングなんかだしてるもんだから、みんな料理できちゃうんです。え？　なんでコックが辞めちゃうか？

飛びだすとか、引っ張られるとか、いろいろ理由つけて辞めていくんですよ。

なにが飛びだしてなにが引っ張るのかって？

いや、なんでも食材をとりだすときとか、仕込みをしているときとか、冷蔵庫が勝手に開いてどうこうという話ですが、詳しくはわかりません。

『おんなのひとが！』みたいなことをいうヤツもいたみたいですけど、まあお気になさらず。え？　どの冷蔵庫かって？　まあ、こんなにあったらわからないですよね。

買ってきた食材を入れてるこの冷蔵庫ですよ。
人間三人は入れそうですものね。
じゃあ、私は帰ります。楽しんでくださいね！」

「嬉しそうな声」

「お世話になっております。テレビ通話でお話させて頂いた支配人です。すみません、今回はありがとうございます。

とはいってももう四日目なんですよね。ホテルのなかはもうだいたい把握できたんじゃないでしょうか。この辺は本当になにもないので、昨日ときどき仕事を手伝ってもらう友人に頼んで……あ、お会いしましたか。彼、少し馴れ馴れしいところがあるので、なにか粗相などなかったですか？　そうですか、それは良かった。いや、ときどき彼と私がそっくりだっていうひともいるんですよ。失礼な話ですよ、ははっ。

私のほうは他にも任されているホテルがありまして、到着にあわせることができなくて申し訳ありません。まあ、もうだいたいお分かりになったと思うのですが、このホテル、シーズン以外に使い道がない施設で、とにかく金食い虫なんです。経営も毎年ギリギリで、とにかく扱いに困っていまして。それでいてオバケがでるなんていったら、どうしたらいいかわからない。

テレビ通話でもお話した通り、オーナーが迷っているんです。いくつもホテルを持っているひとなので、正直こんな広いだけの建物、持て余しているんでしょうね。

オバケがでるならそれを利用してなにかできないか、という考えみたいです。イギリスとかではオバケがでるお城とかのツアーがあるんでしょう？　そんなツアー、日本でやってみたらいいんじゃないかとか、そんなことといってるんですよ。とりあえずあなたに確認してもらおうと依頼がいったというワケです。他のひとたちは怖がってみんな断ってきたみたいですよ。

さて、ここはかなり広さがあるホテルですが、もう全部見ましたか？

一階の倉庫？　ああ、首吊りがあったところですね。暗いし、積み重なった荷物でそう見えただけかもしれませんがバイトたちのなかで有名です。二階のキッズランド？　レクリエーションルームですね。夜、あそこからボールが転がってくるのは私も見たことがあります。見ましたか、ボールが転がってくるのを。厨房の冷蔵庫の話は聞きました？　聞きましたか。部屋、ノックされたとかいってましたよね？　あれ、イヤでしょう？　ひとがいる部屋とかオバケはわかるんですね。四階の廊下はいきました？　宴会場Bやカビのところは？　まだなら案内しましょうか？　私、今日はここに泊まるつもりなんで。え？　せっかくなら陽が落ちて暗くなってからのほうがいい？　さすがですね、では、そうしましょう。二十時に部屋へお迎えにあがりますね。よろしくお願い致します。ふふ、なんだか肝試し大会みたいですね、童心にもどったようです。おっと電話だ、ちょっと待ってください。

はい、もしもし。もしもし？　もしもし？

なんか嬉しそうな笑い声が聞こえるんですけど、これって間違い――いや内線だ。フロントからかかってきてますけど、いまフロントって誰もいませんよね？」

「見下ろす頭」

「お待たせしました。いきましょうか。あ、ちょっと待ってください、うっかりしていました。電力室にいってブレーカーをあげてフロアの電気を……え？

今日まで真っ暗なまま見廻っていたんですか？　そのほうが雰囲気あるし、なにかでそうな気がする？　でもこんなに暗かったら……懐中電灯ですか。準備がいいですね。

そうですね。足元が危ないわけじゃないし、このまま真っ暗でむかいましょう。

まずは最上階、九階にあがりましょう、階段でいきますか。


九階です、最近、足腰がすっかりなまってるから息が切れますね。

このフロアは団体さまやスイート、まあ俗にいうグレードの高い部屋ばかりでして。

ここから、ほら、廊下の奥を見てください。いちばん奥に非常灯があるでしょう？

あそこでよく影が横切るなんていわれてるんです。その横切った前の部屋は団体さま専用の部屋なんですが、数年前に窓から人が落下したことがあります。酔っぱらっていたようで、全開にした窓際に座っていた女性が、部屋から落ちました。寝てしまってそのまま外に体を傾けて落ちたんです。

え？　亡くなったのかって？　かすり傷ひとつありませんでしたよ。

拝見されたと思うのですが、このホテルの裏は更地と林になっています。天気が悪くて、雪が五メートルほど積もっていたんです。運が良かったんでしょうね。さらさらの柔らかい雪だったんでクッションになり、すっぽり雪のなかに沈んでました。

九階から落ちても本人は寝てましたよ。部屋、見にいきましょうか。

この部屋です。あれ？　窓が開いてる？　ここ入ってませんよね？　なんでだろ。危ないから閉めましょう、よいしょっと、これでよし。とにかく、この窓から女性が落ちたみたいです。一緒に泊まっていた友人たちは絶叫したみたいですよ。すぐに一階にむかいフロントにいた従業員と私に声をかけて、みんなでようすを見にいきました。雪が凄くて、なかなか進むことができず苦労しました。雪だらけになって、なんとか女性を救いだし、目を覚ました彼女のひと言目は『寒っ』でしたからね。胸を撫でおろしました。友人たちも雪まみれで安心し、力が抜けたようすでした。その友人のひとりが『あれ……誰だろう？』と上を指さしました。

この窓です。誰かがここから頭をだして、私たちを見下ろしていたんです。逆光でハッキリとはわかりませんでしたがシルエットからして、おんなのひとでした。それがこの部屋の前を横切っている廊下の人影かわかりませんが、やっぱり気味が悪かったですね。落ちた女性がちゃんと死んだのか、確かめていたのでしょうか？」

「苦情がくる部屋」

「八階ですね。ここは普通の部屋で、なにか起こったとかそういう話は聞きませんね。ただ、お客さんから『部屋をかえてくれ、声がするから』と苦情をいわれて対応したことが何度かあります。壁とか……うすいワケじゃないんですけどね。どんな声が聞こえたんですか？　と尋ねても教えてくれないんです。なんなんでしょうね？」

「腐った部屋」

「個人的にいちばん気持ちが悪いところがこちらです。

また角部屋かって？　あ、いわれてみたらそうですね。九階、八階、全部が角部屋ですね……こんな単純なことにいま気づきました。なにか原因があるんでしょうか？

この部屋、使っていません。理由はすぐにわかります。鍵を開けますね。どうぞ。

ほら、すごいでしょう？　カビだらけなんです。この通り、ニオイもきついです。

クロスもはがれて壁もくさっています。ショートしたり漏電する可能性があるので、電気は点かないように配線を切っています。カーテンもボロボロで、ああ、このマットレスは二台ともダメですね。シミだらけで、ぐちょぐちょだな。もう使えない。

部屋全部、かなりリフォームしないと、もう使えないと思います。

ああ、すごいカビのニオイだ。腐臭みたいにも感じますね。

これ、原因が雨漏りらしいのです。上の階も下の階も大丈夫なのに、この部屋だけこんなことになっちゃってます。業者がいうには真ん中の階のひと部屋だけ雨漏りすること自体はよくあるらしいです。雨漏りというのはたいてい、屋上か外壁のどこかから水が入ってきているらしいのですが、どのルートでこの部屋にきているか特定しにくいらしくて、この部屋もそうなんです。何度も対策したのですが修理することができず、部屋を使わないようにするしかなかったと聞きました。

はい？　聞きましたとはどういう意味かって？　私が支配人になる前からもうずっとこの状態なんで。先々代の支配人からこの状態らしく、私も聞いた話なんです。

苦情が段階をふんでくるようになったみたいですね。

最初はカビのニオイがするという苦情だったみたいです。

そのうち、寝ていると体が動かなくなるという話が。ひとりだけならホテル側に伝えてこないんですが、ふたりで泊まってふたりともなら苦情をそりゃいいますよね。

しばらくしたらユニットバスのドアが勝手に開くという苦情。

足音が聞こえるという苦情や変な夢をみたという苦情。

ひとが部屋の端で壁にむかって立っているのを見たという苦情。

天井に顔が浮きでていたという苦情。

とにかく気持ちが悪い内容の苦情ばかりで、当時の従業員のひとりが、お祓いをしようという案をだしたらしいです。結構な金額を払って、東北に住んでいる拝み屋さんを呼び、なにか儀式みたいなことをしたみたいで。

拝み屋さんは壁にたくさんの御札を貼りつけて。

『ひと月ほど誰も入らないようにしてください。これは絶対にお願いします』

そう頼んだみたいですが『絶対』とかいわれると怖いですよね。

他にも気の流れがどうとか風水の方角とかの説明をしていたみたいですが、意味はよくわからなかったらしくて。ちょうどひと月が経ったので部屋を開けると、御札どころか壁紙がはがれている始末で——。

それからはもうなにをしてもダメで、どんどん酷くなり、このありさまです。

シーズンオフになると、鍵を閉めてもこの部屋の扉が開いていることがあって気持ちが悪いんですよね。

そうそう。一度、この階に泊まっていたお客さまがこんなことをいっていました。

ゲレンデからホテルにもどり、自分の部屋に入ろうとする度に。

奥の、つまりはこの部屋の扉が開いて、なんかお面みたいなのをかぶった不気味なひとがこっちみてるから気持ち悪いって。そうおっしゃってました。

お祓いしても鍵を閉めても対応できないんじゃ、もう、どうしようもありませんよね。

これがこのホテルのいわゆる『開かずの間』ですね。開けてますが。

あと、お祓いをしようといった従業員は自殺しました。無口なひとだったみたいですが遺書もなく理由がわからないらしくて。彼が亡くなったのが例の一階の倉庫です。

ところで、このニオイってカビのニオイですよね？

ちょっと強烈すぎて鼻がマヒしてくるんですがアルバイトのなかには『カビじゃなくて、これってお線香のニオイじゃありませんか？』とかいう子もいるんですよ」

「宴会場Ｂ」

「ここは宴会場Ｂです。Ａは普通にいまも使っているんですが、Ｂは使っていません。宴会中に問題はなかったんですけども、片づけをしているときにステージ……あ、ステージがあるんですが、そこでびしょ濡れのおんなが立ってることがあって、バイトが驚いて逃げてしまうんですよ。あんまりそういうことが多いから、できるだけＡを使おうってことになって。それからです、畳が腐りだしたのは。夜な夜な宴会場のなかを歩きまわってるんですかね、びしょ濡れのままで。他にも写真を撮ると白い球がいくつも浮いてるのが撮れたりということはありましたが。ここも電気系統がダメなんで、ずっと真っ暗なんです。あるとき暗闇でおんなが笑ってるのを目撃したバイトがいて……見ます？」

「まま」

「いったん、一階の事務室にもどりましょうか。途中、二階にあるリネン室によりましょう。怪談的なものではないかもしれないのですが、ちょっと見て頂けますか？

え？　リネン室ですか？　リネン室はタオル類やシーツなどの布系のものが収納されている部屋です。他にも歯ブラシやシャンプーリンス、ボディソープなど洗面まわりの物もあります。つまり業者や清掃員が出入りする部屋です。


ここが二階のリネン室です。鍵を開けますね。さ、どうぞ。

見ての通り、棚ばかりの部屋です。

特になんてことはないのですが、清掃員が見つけたものがあるんです。確かこの棚の、低いところ、どこだ？　ああ、ありました、見てください、この棚のスキマ。

ほら、見えますか？　赤いクレヨンみたいなので字が書いてあるでしょ？

――そうです、私にもそう読めます。ただのイタズラ書きの文章なんでしょうけど横、文章の横のほうを見てください。それ手形というか、指の跡のように見えませんか？　ちょうどクレヨンがついた子どもの手をあてた、みたいな。

ここ、ちょっと改装しているんですよ。棚とか壁に埋めこまれているでしょ。改装するときこんなのなかったはずなのに、なんなんでしょう、指の跡と文章。読めますよね？　ままどこにいったの、って」

「報告」

「お疲れさまでした。とりあえず珈琲どうぞ。

どうですか？　このホテル。私、けっこうヤバいんじゃないかと本気で思っているんです。そこにある台帳も見てもらってもいいんですが、経営難で借金もずいぶんあります。毎年ギリギリの状態です。しかも変な現象が起こる。なんかね、この現象も年々酷くなってきているような気がするんですよねえ。

ウワサじゃ――ウワサですよ、あくまで。このホテルの最初のオーナーの家族、ここに住んでいたらしいんですけど、経営が傾きだしたのをきっかけに、不幸が続いて一家離散に近い形でホテルを売り払ったみたいです。なにかあったんでしょうか。

いまの社長、オーナーの『ゆうれいホテル』の企画、本当にやるんですかね。なんか私、やったらここの現象、さらに酷くなる気がするんです。法律に反していなくても、ひとが死ぬかもしれないような企画って避けたほうがいいと思うんですよね。

あなたが本物認定の報告してしまうとオーナー、企画を実行するかもしれません。

わっ――電気、消えましたね。どうしてだろ。ちょっとブレーカー見てきます。


で、電気つきましたよね。あ、あのすみません、私、そろそろ帰ります。

え？　と、泊まっていくんじゃなかったのかって？　い、いま、電力室からでたら線香、じゃなかった、カビのニオイが近づいてきてる感じがしたんです。ちょっと、もう帰りますね。あ、あなたはゆっくりしていってください。

え？　帰りかたが友人そっくり？　またまた、な、なにをいってるんですか。明日までですよね。お、お気をつけて楽しんでください。で、では失礼します」

「思いかえせば」

「もしもし。私です。ホテルの支配人をしてた。

ご無沙汰しております、お元気ですか？　実はあのあと、すぐにホテルを辞めることになりまして。いまは違う仕事をしております。え？　どうしてわかったんですか、移動販売って。そうです、からあげの移動販売の仕事になりまして――ああ、私の友人から聞いていたんですか。もう、なんでもしゃべるんだから、アイツ。あの友人とまた一緒に仕事しているんです。

その節はお世話になりました。そしてご迷惑かけて申し訳ありませんでした。

あのホテルですか？　あのあと私が辞めて、仕切る人間がいなくなったせいか、オーナーあのホテルを売っちゃったんです。本当、二束三文みたいな値段で。いまは違う名前で営業してるみたいですよ。

あのとき、ふたりで肝試しとかしましたよね。いま思えば私もどこかマヒしてたのか。あんな不気味なところで、よく真っ暗な廊下を歩きまわったなって。考えると怖くなることがあります。

ところで、最近ひとつ思いだしてお聞きしたいんですが、よろしいでしょうか。

肝試し、ふたりでホテルを見廻る前に、私お迎えのため部屋にいきましたよね？

あのときってひとりでホテルにいらしてましたよね？　もしかして彼女か誰か一緒にきていました？　あなたがでてきた部屋の奥から、もうひとり顔をだしている記憶がありまして――」

「狂った若者」

「え？　誰からその話聞いてきたんですか？」

私も音楽イベントの手伝いをしていたことがあって、その関係の知りあいです。

「え、それって男？　それともおんな？」

男性です、関東でも活躍してたＤＪのかたです。なので大丈夫ですよ。

「ああ、安心しました。かかわりたくないひとかと思ってビビった」

ある程度は聞いているんですが……最初からお願いできますか。

「もうあれも結構前のことになりますね、あのときはレゲエが大好きでして」

よく、そのハコ（会場、この場合クラブの意）に通っていたんですね。

「そう。バブル終了ギリギリだけど、ぼくはディスコの時代も通りました。

なんかレゲエが新鮮に思えてハマってまして。

そこまでハードでもないし軽くもない。リラックスするのにちょうど良くて。毎週土曜には何人かで集まって。お互い、土曜メンバーって呼んでいました」

ご自宅は箕面《みのお》のほうですよね。車でいってたんですか?

「だいたい車でしたね。お酒を飲むとき、おいて帰ったけど」

で、そこでNさんと知りあった。どんな感じの子ですか?

「彼女はレゲエだけじゃなくてR&Bも好きやったみたいです。ドレッドヘアで肌は焼けてる感じのギャル。目鼻立ちのハッキリした子でした。いつもココナッツの香水をつけてて。沖縄の女性みたいな感じもしたかな。出身、わかりませんが」

何度か、Nさんとクラブで会って言葉を交わすうちに仲良くなったんですね。

「あるとき盛りあがって。そのままクラブのトイレで……コトにおよんじゃって」

ノリ的な感じでそうなったと。一度だけですか、関係を持ったのは?

「いや、そのあとはN、土曜メンバーたちとも仲良くなって、よくみんな待ちあわせして一緒にクラブにむかいました。Nとは週末しか会わないけど、メールとかで連絡はとってたし、ぼくが住んでる部屋に泊まりにくることもありました」

じゃあ、つきあっているような状態だったんですね。

「どれくらいかな、三カ月くらい経ってたかな。それぐらいのころ、ちょっと風邪ひいて体調が悪い日があって。でも、いちおう待ちあわせして、車でむかって到着。ハコの前で入ろうとしたとき、ぼくが――」


「ああ、やっぱちょっとムリかも。熱でてきたっぽいわ」

「え？　そうなん？　大丈夫？」

「どうしよ、酒飲んだらなおるかな。余計にしんどくなったらヤバいかな」

「どうする？　もうみんな入ったよ」

「うーん、やっぱり今日は帰るわ」

「ワタシも一緒に帰ろうか？」

「せっかくきたんやし、今日のＤＪ好きっていってたやん。楽しんでおいで」

「いいの？　ホンマに大丈夫？」

「大丈夫、運転できるうちに帰るわ」


実際、そのとき熱はでていたんですか？

「多分、もうあったと思います。なんか頭がぼやけてきてたし、寒気も酷くて」

そのまま帰宅したんですね。ミナミから箕面まで。

「彼女、その夜を楽しみにしてたから申しわけなかったけど、ハコには土曜メンバーもおるし、他のおんな友だちもようさんおったから、大丈夫やろって思いまして。帰って、風邪薬飲んで、布団にくるまって寝てました。

ときどき土曜メンバーから心配のメール、Nからも心配と楽しんでる感じのメールが届いて。ぼく自身もすごい参加したかったイベントやから、悔しかったけど。

とりあえず体調もどそうって寝てて――四時くらいやったかな。

インターホンが鳴ったんです。

Nがタクシーでこっちにきてくれたんかなって思って、壁の応答画面見たら」

ぜんぜん知らない男のひとたちがきたんですね。

「全員、怒りの形相。何回もインターホン連打してました。ドア叩いてボクの名前、呼び捨てで叫んで。ずっと鳴ってるんで、とりあえず返事したんです」

「……はい、どなたですか?」

「どなた？　どなたやないやろ。開けろ、コラ」

「なんですか？　なんの用ですか？」

「おう、お前熱あんのか、コラ」

「……はい？　なんですか？」

「こっちが聞いとるんじゃァッ、熱あるんか聞いとるねん！」


ワケわかんないですよね、いきなり。でも熱のことをなぜか知ってる。

「なんで知ってるのって普通、考えるところなんですけど……怒鳴り散らしてるもんやから、ぼくパニックみたいになって。とりあえず警察に通報しようって携帯見たら、Nからの未読メール、五通あるのに気づいて……ワケわからんかった、ホンマ」

メールはどういう内容だったんですか？

「一通目は【妊娠の件、どうするの？】って、きてました」

妊娠？　その前のメールはなんでした？　未読ではなく既読していたメールは？

「ノリノリで【めっちゃおもろい、サイコー】って感じの内容でした」

それが次にいきなり妊娠ですか？

「よくわからんまま二通目、開いたら【逃げれると思ってる?】って書いてました」

スピーディーで乱暴な流れですね。それから?

「三通目が【五百万返せ】です。はあ? って開いた口がふさがらんくて」

お金は借りてないんですよね、もちろん。

「借りてません。四通目が【あの子のカタキだけはとるから】って」

仇ですか……時代劇みたいになってきましたね。

「もう意味がわからないでしょ。最後、五通目が【いまから殺しにいく】です」

うわあ……狂気系の怪談ですかね?

「書いていることなにひとつ心当たりなくて。もう大混乱。

そのうち窓に石が飛んできて——あ、部屋は二階やったんですけど。カーテン開けて外見たら、車が何台も停まってて。十数人の男女が叫びまくってるんです。全員知らないひとばっかりで『降りてこい』とか『詐欺師が! だましやがって!』とか。

そのあいだもずっとインターホンは鳴るし、ドアは叩かれてるし。もう、風邪とか熱とか吹っ飛んで、状況を理解しようと必死でした」

その十数人のひとのなかにNさんはいたんですか?

「おったんです。泣きながらこっちを見上げていましたけど、すぐにわかりました」

なにがわかったんですか?

「うそ泣きしてるっていうのが。説明できへんけど、なんかわかったんです」

それで、どうなったんですか?

「正直、狼狽しすぎて記憶が飛んでます。なんかもう悪い夢みたいで。

そのうちパトカーがきて——かなりの騒ぎやったんで、誰かが通報したんでしょう。お巡りさんが部屋にきて、あんなに安心したことはありません。一生懸命、事情を説明しても、わかってもらえず苦労しました。とりあえずケンカということで片付けられたんです。ケンカの要素なんてなかったのに」

帰っていったんですか、警察は?

「引っ越したほうがいいよ、またきたら通報して。それだけいい残して帰りました」

酷いですね、すごく怖がってるのに。

「落ちついたら実はN、クスリかなにかをやって、ぶっ飛んだ妄想であんな騒ぎをおこしたんかなって予想しました。でも怖くて、どうしても本人に確認する気になられへん。家が怖くて、すぐホテルにむかいましたね、安いところ探して」

土曜メンバーからの情報はどんな内容でした？

「それが、誰ひとり連絡がつかなくなったんです。ひとりも、です」

え！　もしかしてNさんが連れてきたひとたちに、なにかされたのでは？

「それが……半年近く経って部屋のポストに、ケースに入れられたCDが届いたんです。なんやろ思て聞いてみました。よくわからん英語の歌が入ってて……何人ものひとたちの歌です。それが終わったら、今度はNの声が流れてきました。読みあげているような棒読みで――」

「お久しぶり。その節はご迷惑おかけしました。せーの」

「そのあと大勢で笑う声が入ってて……セリフのような『わはは』ていう渇いたような笑い声――そのなかの数人は、土曜メンバーと確認できるものもあって。

それを聞きながら真っ青になってると、ばちッと音が聞こえた瞬間、部屋の電気が消えて。もう心臓が飛びでるかと思いました。勝手に電気のスイッチがオフになったんです。オンにしたら、もどりましたけど部屋中にココナッツのニオイが漂ってて――翌日に不動産屋にいって、すぐに引っ越して逃げました。これが体験の全部です」

なんだったと思います？　聞いてると宗教のなにかかな、という印象なんですが。

「とり憑かれていたと思います。Ｎが悪魔みたいなものに」

悪魔ですか？　ゆうれいじゃなくて？

「大勢のひとを巻きこむのって、霊というより悪魔みたいな感じがするんですよ。

――それにもうひとつ変なことが、もともとあって」

もともと？

「当時はパカパカの携帯ですが彼女、写真に撮ることができなかったんです。それはみんな不思議がっていました。誰が撮ってもＮがいると画面が黒くなるんです」

確かに悪魔っぽいですね。もうハコにはいってないんですか？

「よくいってたハコ、もうつぶれたんです。事件があって」

事件でつぶれた？

「ナイフでひとが刺されたという話ですが、Ｎが関係しているのかはわかりません。ぼくはもうかかわりになりたくないので、聞きたくも調べたくもありません」

あ、それって……もしかして〇〇というハコじゃないですか？

「え？　そうです、知ってるんですか？」

確か……あ、いや、聞きたくないんですよね。すみません。

「いや、ちょっと気になります、教えてください」

おっしゃる通り、ナイフで刺されてひとが亡くなっています。刺したひとは逃げましたが、のちに逮捕されていました。ナイフはハコにいた知らないおんなの子からもらったということだったはず——。

「もういいです。聞くんじゃなかった」

「老婆がいる」

「次男が五歳の誕生日のときです。ケーキ、大きめのやつだったよな、あれ」

「あの子ショートケーキが大好きだから、ちょっと大きめの用意したのよね」

「プレゼントはポケットなモンスターの人形セットだったかな。めちゃくちゃ喜んで、大はしゃぎしてましたよ」

「長男もうらやましがって。そろそろケーキ食べようってなったのよね」

「ロウソク立てて火をつけて、電気を消してバースデイソング歌って」

「わあ、すごいキレイ！」

「お願いごと決めて、いっきにふうッ！って火を吹き消して」

「おねがいごと、なににしようかな……そうだ、きめたよ」

「そうか、じゃあ息を大きく吸ってください」

「すうう……」

「はい！　吹き消して！」

「ふううッ！」

「やった、消えた、お誕生日おめでとう、よく全部消せたね！　あははっ」

「あはは！　わあい！　やったッ、わあい、わあいあああああああああ」


「そのまま大声で泣きだしたんです、寸前まで笑ってたのに」

「私たちと同じように長男もびっくりして、慌てて電気をつけたんです」

「ケーキの前で号泣して座っていた椅子からおりて、走ってこいつに抱きついて」

「なに、どうしたの、火の粉でも飛んで火傷したの？　って聞いたんです」

「そしたら指さして、こんなことというんです」


「こわいひとがいたあああ、こわかったよおおお」

「次男がいうには、ろうそくを吹き消したあと、私たちが立っていた後ろ」

「バルコニーのガラス戸から、知らないひとがこっちを見ていたっていうんです」

「すぐに振りかえって。見たんですが、誰もいない」

「なにいってるの気のせいよ、っていったら、長男が自分も見たって」

「長男は次男の後ろに立っていて、まっすぐガラス戸が見えていましたから」

「ふたりともおびえて、緑色のおばあちゃんがいた、ってあんまりしつこいんで」

「ぼくが誰もいないってば、ってガラス戸を開けたんです」

「頭から血を流して倒れている老婆がいました。全員、悲鳴をあげて」

「その老婆、白目を剥いて痙攣しているんです、どっからきたんだって不思議に思いましたが、すぐにわかりました。飛びおり自殺だったんです」

「ウチは高層マンション九階だったんですが、さらにその上から落ちてきたみたいで」

「いくつかの部屋はルーフバルコニーになっていて、ウチもそうだったんです」

「あとでわかったことですが、最上階、三十階に住んでいる老婆だったみたいで」

「とりあえず救急車を呼んで……私は子どもたちを部屋に入れて」

「誕生日どころじゃなかったです、亡くなった老婆には悪いですけど最悪ですよ」

「普通、落ちてきた音で気づきそうなものだけど」
「みんなで楽しく騒いでいたせいか、誰も気づかなかったんです」
「これだと誕生日の日に自殺があったという話なんですが」
「やっぱり強烈な印象だったんでしょう、長男も次男もふたりとも、そのときのことをハッキリ覚えていて」
「あれが飛びおり自殺って、いまでも信じられないっていうんです」
「どうしてか尋ねたら、次男の後ろに立ってガラス戸を見ていた長男が――こんなこというんですよ」
「お婆ちゃん、ガラス戸に貼りついて何度も『うん、うん』て、うなずいてたもん」

「滅びの道へ」

「私、もうすぐたくさんのひとが滅ぶと思ってるのね。

その理由のお話をしてあげよっか。

私、いまはタレント一本だけど、一時期アイドル活動もしていて。そのとき所属していた事務所がチョイスしたおんなの子たちの四人組。ぜんぜん集客力なかったんで、他のアイドルユニットたちとコラボみたいにしないとライブなんかでれなくてね。

他のユニットたちも三人から六人くらいが多かったかな。それが六組以上いるんで、楽屋は軽く二十人越えちゃうのね。それに対してライブハウスは小さくお客さんも少ない。お客さんより出演者のほうが多いような日もザラにあったよ。

私と一緒にやってる三人、同じ事務所とはいえほとんどしゃべったことなかったけど、ちょっとずつ仲良くなっていったの。ダンスのふりつけとかやってたのもあって、オッケーしたわけじゃないけど、勝手に私がリーダーみたいになってね、リーダーって呼ばれてたの、恥ずかしいけど。

その三人のなかにEっていう子がいて、その子だけなんていうか変な感じ？　みたいなのがあって。笑ってるけど笑ってないというか、四人全員でいるときと私とふたりのとき態度が違って。アイドルに限らずタレントにも女優にも、そういうひとは多いから私はぜんぜん気にならなかったのね。てか、気にしてたらそんな活動なんかできないし。

ある日、あれどれくらい経ってたかな、ユニット結成して三カ月くらいかな。

打ち合わせってことで、カフェで待ちあわせ。

そのとき私まだバイトしてたから時間、ちょっと遅刻して着いたら、他のおんなの子ふたりが、なんか怒ってて。Eが半笑いで、なんかフテコイ（ふてくされてる）の。

お疲れ、どしたの？　って聞いたら」

「あ、リーダー。こいつにいってやってよ、もう」

「なになに？　なんでそんな怒ってるの？　どうしたのよ」

「こいつ、事務所からウチらに渡されてるオーディション全部、秘密にしてたの」

「秘密に？　え？　なんで？」

「オーディション、全部ひとりでいってたのよ、もう信じらんないッ」


私たちにもいちおうマネージャーがいたんだけどさ。

なんでかE、オーディションの話は自分を通すように頼んでたみたいなの。

そのオーディションはユニットの募集ばっかりだったのに、どういうつもりか、ひとりでいってたみたい。ユニットのオーディションだもの。あたり前、落ちるに決まってるわ。そりゃそうよね。

それを何度もやっていたことがバレて怒っていたみたい。

私ちょっと意味がわからなくて。だって百パー落ちるにきまってるもん、なんでそんなことしたのって聞いたら『ひとりでいったほうが受かると思って』なんて普通にいうもんだから、そりゃみんなキレるわ。とりあえず私、黙ってきいてたのね、会話」


「あのさ、なにしたかわかってるの？　自分がさ」

「わかってるよ。オーディション受けたのよ」

「勝手に自分ひとりででしょ。あんた私たちのチャンスつぶしてるんだよ」

「はんッ、つぶしたってなにそれ？　自分たちのこと実力あると思ってるの？」

「それ、どういう意味よ」

「だから、私が判断したワケ。私ひとりで受けたほうが成功の確率あがるって」

「ユニットのオーディションひとりでいって、どうして採用されると思ったの」

「だって私は可愛いじゃん。アンタたちって中途半端でしょ」


「そのひと言で、すっごい殺伐とした雰囲気になったのね。

　Eって実際、四人のなかでいちばん可愛いのよ。目も大きくて肌も綺麗、すっぴんもメイクとほとんど変わらない系。すごく元気な明るいキャラもやり通せるの。でも、そのときは歪んだところ隠す気がないみたいで、口を半開きにして薄く笑ってんの。

　私基準だけど、私たち三人もそこまで不細工ではないと思うのね。それがEからしたらダメなのよ。多分、自分を引き立てるような感じならいいんだろうけど、見た目も性格もそうじゃないのが気に入らないんだと思うのね」

「は？　あんたさ、ダンスも歌も頑張ってないじゃん。歌詞も覚えないし」
「あのね、あなたたちバカみたいだから教えてあげるけど、私たちみたいなのってルックスが全部なの。わかる？　ルックスって素材なの、持って生まれたものなのよ。それがなかったら整形でもなんでもしなさいよ。結果だしたいなら努力してからいえってことよ」

「さすがに、もうこれ以上は聞いていられないと思った。
『そんなにいうなら、なんでユニットに入ったの？　ひとりでやればいいじゃん』
『私もそうしたいんだけど、会社が私の使いかた間違えてるんだよ』
ひとりが『お前さッ……』って怒鳴りかけたから、止めたのね。
だってもうこれ以上話しても絶対意味ないじゃん。
私、もう帰ろうってふたりにいって、そのカフェをでたの。
でる直前『すみませーん、ＢＬＴサンドくださーい』ってＥの声がした。
ふたりのうちひとりは泣いてたけど、私はあんまなにも思わなかった。

だって、もともとそういう感じがにじみでてる子だったもん。特に驚かなかった。

それから事務所に三人でやらせてくれって頼んで。

会社も、ちょっとわかってたんでしょうね、すんなりオーケーして。別に事務所で他のタレントのひととかも滅多に会うことないし、Eと顔をあわせることもなかった。

その後もEは、SNSで被害者っぽく私たちの悪口を遠回しで書いてたけど、彼女のアカウントは見ないでおこう、私たちは私たちのできることをしようって決めて。

三人で一生懸命に練習して、地味にライブをやったり、地方にいくこともあった。

努力の甲斐あって、ライブの集客が増えだしたころね。

三人で都内のスタジオいって、ダンスの練習してたの。

もちろん私たちみたいなのは自腹でスタジオ借りてるから、練習も超真面目。

そこのスタジオ、大きな鏡が壁一面に備えつけられてるのね。それを斜め後ろから三台、三人それぞれのスマホで撮影してたのね。そしたら前も鏡越しに確認できるし、後ろもわかるし。

休憩しているとき、汗拭きながら録画した映像見てたら、ひとりが『誰かきた？』っていうの。

『なんで?』

『ほら、ここドアが開いてるの、鏡越しだけど映ってるんだけど』

その子のスマホ見せてもらったら、確かにちょっとドアが開いて、誰かが私たちのほう見てるの。少ししか開いてないし、その見ているひとも黒い影みたいになって、誰かまではわからない。輪郭から察して男のひとだってことはわかる。

すぐ振りかえって見たけど、いまドアは閉まってるし。時間確認したら、二十分ほど前なのね。青ざめて『ストーカーかも。ちょっとリーダーたちも、映ってないかチェックして』っていうから同じ時間のとこ確認したんだけど、ちょっとの角度の違いでドア自体が映ってなくて。もうひとりも、

『そういえば……声が聞こえた気がしたよ』

『音楽鳴らしてたのに?』

『うん、音楽の合間合間に。なんか、低音みたいな感じの』

そのときは『なんか気持ち悪いね、ちゃんと閉めとこ』って鍵かけて続けたの。

練習が終わって、ファミレスで次のライブの打ち合わせのあと雑談してたら、やっぱ

りさっきのストーカーみたいな影の話になって。気をつけようねって話してたら、ひとりの子が『昨日、なんか気持ち悪い電話があった』っていいだすの」


「どんな電話？　ＬＩＮＥで？」

「ううん、非通知で。いつも絶対でないんだけど寝ぼけてて、でちゃったの」

「じゃあ、さっきのって、電話かけてきたストーカーなのかも」

「いや、また違うと思う。だっておんなのひとの声だったもん」

「おんなのひとの声？　なんていってたの？」

「わかんない。なんか気持ち悪いの。ぅぅぅみたいな、泣いてる感じの」

「なにそれ気持ち悪っ。イタズラじゃないの？」

「なんかね、言葉みたいなのもしゃべって。そこで切った。怖いし」

「なんてしゃべってたの？」

「あいたい……と思ったけど、切ったあと、違うぞ、あいたいじゃない、って」

「おんなのひとでしょ？　なんて？」

「あれは多分……痛いっていってたと思う」

「それからちょっとして、事務所に用事があっていったのね。事務員のひとが『ちょっと知ってる？　Mさんのこと』って聞いてきたの。Mさんっていうのは私たちのマネージャーだったひと。ほら、例のEの一件あったでしょ。あのあと、すぐに会社にいいつけたのね、私が代表して。そしたらすぐにマネージャー代えてくれて。Mさんはなんか不満そうだった。しばらくしたら会社、辞めたんだけど。その辞めたMさんが亡くなったらしくて。私、びっくりして『なんで亡くなったんですか』って聞いたのね」

「細かいことわかんないけど、自殺したらしいよ」

「ええ、そうなんですか……新しい事務所が厳しいところだったのかな」

「ううん、それがここ辞めてからフリーでやってたみたい。なんか専属の子の売りだし頑張ってたみたいだけど、それも上手くいってなくて。ほら、あの子いたでしょ、Eちゃん。専属であの子の営業やってたらしくて」

「え？　Eもここ辞めていたんですか？」

「あれ？　知らなかったの？」

「はい、ぜんぜん知りませんでした」

「まあ、あなたたちにはいわないわよね、そりゃ。最終的には本人が辞めるって怒鳴ったらしいけど、あれはほとんど解雇。なんかＳＮＳでめちゃくちゃな発言してたらしくて。ハッキリ名前書いてなかったけど、明らかにあなたたちのことだろうなってことも、遠回しで書いてるの」

「……知ってます。モチベーション下がるから見るの禁止ってみんなで決めました」

「そうなの？　それがどんどんエスカレートして、複数のアカウント作って、会社の悪口とかいいだしたのね。会社が調べたらＥちゃんだったみたいで。電話確認したあと呼びだされて、逆ギレしてたみたいよ」

「ＥちゃんとＭさん、辞めてふたりで一緒にやっていたんですね」

「まあ、なんとなく想像はついていたのね。

　あのふたり実はデキてるんじゃないかって。だっておかしいじゃん、他の子さしおいてあの子にだけオーディションの情報流すとか。

だからなんとなく納得したの。

でも自殺っていうのはワケわかんなくて」


「なんで自殺なんかしちゃったんだろ。可哀そうに」

「このことね、新聞に載ってたみたいよ」

「え？　新聞？　なんで新聞に載ったんですか？」

「それが同居してた女性に重傷を負わせて自殺って記事なの。その女性がEちゃん」


「私、調べたんですよ。その事件。Mさんは同居しているEの顔を、刃物で切ってから亡くなったの。つまりMとEは事務所を辞めたあと、ふたりで一緒に暮らしつつ、仕事もしてたみたい。でもなかなか上手くいかず、ケンカばかりするようになって。ときどきせっかく呼ばれた現場でも、ふたりの雰囲気は悪かったらしくて。

どういうケンカしたら、そこまでのことするのかわからないけど、あるとき刃物でEの顔を怪我させて自殺。Eは大怪我したけど、命に別条なかったみたいね。

私、スタジオでのこと思いだしたの。

あのドアから見ていた影ってMさんだったんじゃないかって。

もしかして事件を起こす前、スタジオに私たちのこと見にきたのかなとも思ったけど、数えてみたら事件から四十九日経った日がちょうど、あのスタジオの日。そのときにはもう亡くなってるの。

謝りにきたのか、うらめしい気持ちがあったのか。そこまではわからないけど。

Eですか？　いや、いまなにをしているのかわからないですね。もうひとりの子にかかってきた『いたい』という電話も、Eかどうかいいきれないし。もちろん、その電話はただのイタズラの可能性も。顔は何度も何度も切られたらしいから、もしかしたらまだ病院に通っているかもしれないし、田舎に帰ったのかもしれない。性格からして後追い自殺だけは絶対にないと思うけど。

やっぱりああいう歪んだひとって、そういう運命しか待っていないのね。

もうユニットは解散しちゃったけど、他のふたりもまだ頑張ってるし、ときどきテレビにもでてるのよ。いまでも会って旅行とかいったりして仲良し。

――Eみたいなひと、いまSNSとか見るとめちゃくちゃ多いでしょ。

顔も名前も隠して、なんでもひとのせいにして。実際、悪口やストレス発散専用のアカウントみたいなの持ってるひとたち。自分さえよければいいってひとたち。歪みのせいで酷い運命が決まる。そういう運命のひとたちが国中、世界中にいた場合、やっぱり滅ぶと思うのよね」

「お祓いしてた平屋」

本日はありがとうございます。いつごろの話ですかね。

「最近す。もう緊急事態宣言とかでてましたし。大学も休みだし、どこもいけないから、とにかく退屈で。Nくんっていう近所の友だちと散歩してたんです。ホントそこら辺をただ散歩」

埼玉県のK市ですよね。散歩は普段からよくするんですか？

「いんにゃ、ぜんぜんす。いつも遊びにいくのはカラオケとかでしたね。公園で何人か集まってしゃべってるだけのこともあったんですが、なんかコロナのせいで公園がおっさんたちの飲み場みたいになったんです。別にいいんですけど居心地悪くて」

感染以外でちょっと怖いですよね、公園でお酒飲んでるおじさんたちって。

「そうなんすよ、だからそのとき、ぶらぶらしよーぜってなって。

歩いてたら、ひとだかりが見えて。神主みたいなひとが棒というか扇子というか、なんかそんなの持って立ってるのも見えて。お、なんかやってる、面白そうだってNくんと近くまでいったんです。

神主、マスクしてたんすよ。呪文みたいなの唱えながら。なんか面白くて」

神主がマスクですか。まあ、するでしょうね感染対策で。

「あと、じいさんと近所のひとっぽいおばさんが何人か。おばさんたちはオレらと同じように見物しているだけっぽかったすね。横にいたじいさんに、

『すみません、これってなにしてるんですか?』

そう聞いたらお祓いって答えるんですよ」

そのおじいさんは知ってたんですね。だれなんでしょう。

「なんかその家の家主とか。へえ、家主さんなんだーとしか思いませんでしたけど。Nくんが家主さんに『なんでお祓いしてるんですか』って聞いたら『うん、いろいろあって』って濁すから余計気になって。

『もしかして……ゆうれいとかそんなのですか?』

『もう古い家だからねえ、いろいろあんだよ』

否定しなかったんで、オレら興味持っちゃって。しばらく見ていたんすけど、長くて飽きてきたんで離れたんす。歩きながらNが『あそこお化け屋敷じゃね？　今日の夜見にいかね？』って誘ってきて。面白そうじゃん、いってみようって決めて。

ま、それだけ退屈してたんすね」

いったんですか。何時ごろ？

「晩飯食ってからいこって。夜十時くらいですかね。いく前に親と飯食ってるとき、お祓いの家のこと話したんですよ。そしたら親、その家のこと知ってて。なんでも最近、孤独死があったとか。住んでいるお年寄りが死んでるのを発見したとか」

それだけの理由でお祓いすることになったんですかね？

「知らないっす。それだけの理由ではしないもんなんですか？」

どうなんでしょう。家主にもよるかもしれません。親御さんには肝試しのことは？

「もちろん、いわなかったっす。怒られたくなかったんで」

ご飯を食べたあと、いったんですね？

「ええ、いきました。Nくんが迎えにきて。

家の前についてふたりで静かにはしゃいでいたんですよ。うわ、なんか怖えって。玄関にギザギザの紙みたいなのが飾られてましたし。なんかそれっぽい雰囲気バッグンなんす。で、家に入りました」

入れたんですか？　鍵は？

「かかってなかったす。こう、横に動かす押し入れの戸みたいな玄関のドアだったんですけど、Nくんが動かしたらすんなり開いて。入ろう入ろうってなったんす」

家のなかは、どんなようすでしたか？

「別に普通ですね。なんにもない感じでした。もう荷物とか片付けたあとだったみたいですね。きれいにされていたんで、ちゃんと靴とか脱ぎましたもん。それでも真っ暗なんで怖かったすよ。わー、すげー怖えー。わー、すげー怖えーってふたりでいいながら部屋を順番に見てまわりました。一階は畳の部屋、リビング、台所にトイレとお風呂があって。そのあと二階にあがって。上は畳の部屋がふたつあるだけでした。特にこれといってなにもないんです。オレ、オシッコいきたくなって。一階にもどってトイレ借りたんですよ」

怖くなかったんですか、トイレ。

「怖かったけど、ちょっと我慢できなくて。トイレの電灯のスイッチ押したら普通につきました。Nくんはそこでちょっと冷めたらしくて『電気つくじゃん、ただの空き家じゃん、これ』と笑ってました。トイレをすませてでたら、Nくんがいないんですよ。オレ『おい？　どこいった？』って声だしながら台所でたら、畳の部屋の電灯がついてて。なにしてんだ？　と思って、その部屋にむかったら、なんか声が聞こえてくるんです。え？　と思って立ち止まりましたもん」

その声はNさんの声ですか？　それとも違うひとの声？

「Nくんの声です。違うひとの声って怖いですね。とりあえず、そっと近づいて部屋をのぞいたんです。そしたらNがなんか突っ立って、顔をあげてぶつぶつ、なんかいってるんすよ。ほら、押し入れの上に小さい長細い、もうひとつ押し入れがあるじゃないですか。わかります？」

天袋のことですね。わかりますよ。

「テンブクロっていうんですか。へえ、知らなかった。そこの戸が開いてて、そこにむかってNくん、なんかいってるんです。

なにしてんの、お前？　って聞いたら、ゆっくりこっち振りかえって『このおじいさんと話してたのよ』とかいうんです。オレもぞっとして止めろよ、もういこうぜっていうんですけど『待って、このひと面白いの』ってまた見上げて、ちょっと笑ってるんです。またぶつぶつ、いいながら」

なんていっていたんですか、Ｎくん。

「へえ、そうなんだ、ふふ、おもしろいなあ、初めて聞いたな、へえ、そうなんだ、すごいな、それ、ふふ、いってみたいなあ、おもしろいなあ、へえ、なるほど、そうするんだ、へえ、おもしろいなあ、いいなあ、オレもいってみたいなあ、ふふふ」

会話してる感じですかね、それは。

「いや、ちょっと早口だったんで会話って感じじゃなかったすね。オレめちゃ怖くなって『お前ワケわからんことするなって』といいながら腕をつかんで部屋からだそうとしたんですけど、動かないんです。うわ、なんかヤバい、どうしようって思っていたら、いきなり怒鳴り声がして」

怒鳴り声？　どこからですか？

「真後ろっす。昼間会った家主さんが立っていました。

となりに住んでいたらしくて、電気がついているのに気がついて、ようすを見にきたみたいです。怒鳴り声が大きかったんで、ビクッてなって。その瞬間にNくんも、もとにもどって。

とりあえずお祓い見てなんかでると思ってとか、いいわけしながら謝りました。なんかわかんないけど、許してくれました」

本当なら警察呼ばれるところですよね。すぐに謝ってよかったです。

「でも、ふたつ変なことを聞かれました。ひとつは鍵閉めてたのにどうやって入ったんだって。普通に開いてたから、そんなこといわれてもって感じっす」

家主さんは閉めたっていっていたんですね。もうひとつは？

「なんで知ってるんだ、そこで死んだって。誰から聞いたんだ、って」

……興味深いですね。その家の住所ってわかります？

「天袋で死んだ」


「したした。お祓いしたよ。となりの家。アンタ、なんで知ってるの？」

ちょっと近所のひとから聞いて。なんでお祓いしたんだろって思いまして。

「ん？　そういうの興味あるの？　神事とか？」

いや、お祓いのほうに興味がありまして。知りあいも最近お祓いしたんで（嘘）。

「そうなのか。いや、お祓いっていっても、そこまで意味はないよ。貸してた家で、ちょっと変な亡くなりかたしたもんだからさ、ちゃんと成仏できるよう、お祓いやっておこうって思ったんだよ」

変な亡くなりかたとは？

「なんてことはないよ。押し入れの上、天袋あるだろ。そこ入って亡くなってたんだよ。普通はそんなところ入らないだろ。八十もすぎた男がさ」

そんなお歳だったんですね。死因はなんですか？

「心臓がどうとか聞いたけど、ようするに病死だわな。亡くなってたのを、これまた近所のおばさんが見つけてさ。天袋開けたままで、なかで真横に寝転がってたんだよ。度肝抜かして叫んでいたよ、おばさん。天袋から顔だしてたんだから、なんか変だろ。もしかして認知症を患っていただけかもしれないけどさ」

それ見ましたか？　天袋で亡くなっているところ。

「見た見た、もうたまんないよ。オレもビックリしたよ」

真横に寝転がってたというのは、バランスが悪そうな体勢に思えるんですが。

「そうそう、真横で気をつけしてるみたいな感じだよ。亡くなってちょっと経ってたらしく、体は固くなってたけど。不自然だろ、いろいろと」

遺体をだすの大変そうですね。

「それは警察がやってくれたからねえ。あのひとたちも大変だよ。オレ、むかしから警察があんまり好きじゃないけど、同情したもの。天袋だぜ、大変だよそりゃ」

確かに、ちょっと気の毒ですね、警察も。

「遺体はそのあと親せきのひとが引き取ってくれたけどな。まあ、この借家はオレの親父の代からずっと借家なんだよ。こう見えてけっこう築年数経ってるんだよ。何回も外装変えてるし、リフォームもしてるけど」

古い感じには見えないですもんね、確かに。

「金かけてるもん、親父が借家としてずっと使えって遺言残してるし」

遺言？　なんか理由あるんですかね？

「さあ、そこまでは聞いてねえなあ。思い出があったんじゃないの？」

ここに住んでいたことはないんですよね、家主さんは。

「ここって滅多に借り手がつかないんだ。なんでだろ。家がひと選んでるのかな」

借り手がつかない。じゃあ何年も空き家のままってことも多いんですか。

「まあな。でも最近、近所の男の子ふたりがさ、お祓い見て肝試しに勝手に入っちゃったんだよ。なんかしんないけどさ、若い子ってそういうの好きだろ。まったく仕方ねえよな。気持ちはわかるけど」

へえ……そうなんですか。迷惑な話ですよね。

「最初は肝試しで、そのあと変な遊びをするために何回もくるんだよ」

何回も？　いっかいだけじゃないんですか、そのふたりは。

「ふたりできたのはちょっと前にいっかいだけだよ。いまはひとりでくるんだよな」

その子、名前わかるんですか？

「あ、知ってるよ。Nくんって子。大学生だけど、最近の子は可哀そうだよな、コロナのせいでどこにもいけないから。だからそんなワケわからない遊びするんだよ。まあ、オレも子どももいないからよ、なんだかんだいって若い子は好きなんだけどさ」

Nさん……そのNさんは、ひとりでどんな遊びをしているんですか？

「なんかよ、しょっちゅう勝手に入って、天袋に入って真横になってるの。亡くなった男みたいに。最近はあんまりオレもびっくりしなくなったな、電気ついてたらまたきてやがるなって、いくんだよ、その空き家に。毎回鍵閉めてるのにどうやって入ってるのかわかんないけど。ちょうど昨日もきてたよ」

警察呼んだほうがいいんじゃないですか？

「そんなことしたら前科つくだろ。なんか盗んだりしてるワケじゃないし。別にいいだろ。子どものやることくらい目をつぶってやるのも。まあ、そう思ってさ」

不法侵入なのに……寛大ですね。

「オレもガキのころはそんなことしてたよ。実際、その空き家、オレも親の目盗んで忍びこんで、よく入ってたもん、あの部屋の天袋に」
え？　天袋に入ってた？　どうしてですか？
「なーんか落ち着くんだよな。この家の天袋。
最近はNくん、勝手に家に入ってオレに見つかっても、天袋に入ったまま話してると
きあるよ。そんなことばっかりしてたら、そのうちとり憑かれるよ、なんて冗談いって
るんだけどな。はは」
……なるほど。
「なか入って見ていくかい？　この家の天袋」
いえ、なんとなくですが変な予感もするので結構です。ありがとうございました。

「感染した呪い」

「Nくん、つながらなかったんで家にいきました。親がでて、いま入院してるっていってました。あの……本当にあいつ、あれからもひとりであの家いってるんすか」

そうおっしゃってましたよ。なんかね、優しいんですけど、すごく変わっているひとでした、あの家主さん。Nさんはいったいなぜ入院しているんでしょうか。

「なんか、ひとり言がエグいみたいなことといってました……詳しくはわかりません」

いつから入院しているんですかね、彼。

「それ、聞いてないですね。なんか深刻な感じで聞ける雰囲気でもなかったです。でも『この何カ月か』っていってました。オレが最後に会ったのは半年くらい前っす」

そのとき、ようすがおかしい感じとかありました？

「まったくなかったです。思いっきり普通でした……ええ、マジかよ、なんかすげえ気味悪い。あいつ、どうしたんだろ？　こんなことってあるんですか？」

どうなんでしょう。家主さんも子どものころ、よく入っていたそうです。天袋。

「なんだよそれ。気持ち悪い、マジで……」

家主さんは「昨日もきてた」みたいなこといってましたよ、Nさんが。

「え？　昨日？　じゃあ、病院を抜けだしてあの家にいってるってことですか？」

多分、そうでしょうね。

「オレ、いっかいお見舞いに病院いってみます。そのあと連絡するっす」

なるほど。なにかわかったら教えてください。


「あ、もしもし、オレっす。いってきましたよ、病院。大丈夫でした」

大丈夫でした？　どういう感じだったんですか？

「大丈夫っす。普通っす」

普通……ですか。どうして入院してたんですか？

「ああ、大丈夫っすよ。おしゃべりしているだけなんで」

おしゃべり？　どういうことでしょう？

「だから、大丈夫なんですよ。押し入れの天袋なんて普通に入るでしょう？」

ん？　ちょっと意味わからないのですが。普通に入る？

「もう気にしなくていいですよ。家主さんとも話しましたし」

家主さんにまた会ったんですか？

「はい、オレも天袋入ってよくわかりました。天袋ってｓＩこｕでしょ？」

はい？　すみません、聞きとれません。なんて？

「もう大丈夫なんｄｓｙお。天袋一緒に入りましょう今度ｓｙｎあさんｍも」

……なんか、ヤバそうですけど、大丈夫ですか？

「大丈夫っす。感染ったみたいｄｓ。もうかかわらないで大丈夫す。それｄえｗあ」

「消えた三人」

あの、すみません。ちょっとお尋ねしたいんですけど。

この空き家……借家の横に家主さんの家があったと思うんですけど。

「ああ、この前、取り壊しになったのよ。見ての通り、いまは更地よ」

家主さんてどこにいったんでしょうか？

「知らないわねえ。変わったひとだったんで、あんまりつきあいなかったのよ」

そうですか……なんで取り壊しになってるんだろ。

「引っ越したみたいなんだけどね。本当にわからないの。近所のひとたちも不思議がってた。でも、取り壊すならこのとなりの空き家のほうも取り壊せばいいのにね」

どうしてそう思うんですか？

「ここね、住むひとみんな変なの。ずっとむかしからよ。変人の家って呼ばれていることもあったんだから」

変人の家ですか……むかしからそうなんですか？

「私の祖母も生きてるとき、この家のことといってたわ。何年かおきに変なひとが変な亡くなりかたするって」

変な亡くなりかたですか……どんな亡くなりかたなんでしょうか。

「なんか押し入れのあたりで亡くなるらしいよ。気持ち悪いわよね。最後に住んでいたご老人も、押し入れに入って亡くなったとか、聞いたわよ」

それって天袋ですよね。

「あ、そうそう、天袋よ。なんかね祖母がいうにはむかしここにみんなで使っていた井戸があって、その横に樹があって。その樹を切り倒したのがダメだった、みたいなこといってたわよ」

井戸と樹ですか……どうして樹を切ったのがダメなんでしょうね。

「わからないけど、その樹の下にガリガリに痩せたゆうれいがでてたって話もあったみたいよ。農家のひとがその樹で首を吊ったみたいな話も。祖母が子どものころに近所のご老人たちがそういってたらしいから、すごく古い時代のことみたいだけど」

なんか、根が深そうな話ですね。

「家主さんもどこにいったのかしら。引っ越しのとき近所の男の子がふたり、引っ越しの手伝いをしてたけど。なんかえらく嬉しそうにニコニコしてたわよ」

近所の男の子？　私が探しているふたりかもしれません。どちらも行方がわからなくなっているんですよ。そのふたりの名前、ご存知ですか？

「あら、そうなの？　いやあ、見たことはあるふたりなんだけどね。少し前までここら辺をよく歩いていたんだけど名前までわからないわねえ。ごめんなさいね」

そうですか……ありがとうございました。

「土地供養専門」

「ういっす、いらっしゃい。いいタイミングできたね。なんにしましょう」

「タイミング？　なんかマスターのおすすめバーボンちょうだい。ロックで」

「ロックね、じゃあこれは？　今日入ったばかりのやつ」

「じゃあそれで。ああ、疲れたあ。新しい現場、きつくてイヤになっちゃうよ」

「なんか痩せた？　現場変わったの？　どこ？」

「もう面倒くさいよ、ああゆうの。多分あそこ、ゆうれいだらけ」

「ゆうれいだらけってどういうこと？」

「あれね、隠してるけど、多分いっぱいでてきたんじゃない？　なんの供養もしてないから、暴れだしそう。あちこちに飛び火するんじゃないかな、もう」

あの、すみません。それってなんの話ですか？

「あ、こちらね、ちょっと変わった話集めてるかた。ちょうどさっき、あなたのことといってたんだよ。きたらいいなって」

「あ、なるほどね。だからいいタイミングね。変わった話ってどんな？」

「怖い話とか、それこそ供養の話とか。聞かせてあげて、良かったら」

「ああ、そんなことお安い御用。別にいいですよ」

ありがとうございます。お願いします。

「聞いたかもしんないけど、こう見えて、ぼく住職なんです。見えないでしょ」

「あんまりそういう派手な格好の住職いないよね」

「最近はそうでもないよ。いろいろいるし。

ぼく、説明しにくいんだけど、土地供養専門というか……縁起担ぎみたいな感じの仕事なんです。いちばんよく呼ばれる現場は、施設跡とか遊園地跡とか。

そういう、もうつぶれちゃったようなところが多いのね。そういう場所って持ち主がしっかりしてたら最後、きちんとご供養するの。土地に対して『いままでありがとうございました』的なやつ。それをするかしないかで、なにが変わるかっていったら、次の買い手がすぐ決まるって信じている社長もいるし、やらないと縁起の悪いことが身に降りかかってくるって不安になる企業もある。

でも、ぼくとしてはそこまで大きくなにかあるなんて滅多にないと思うんだけど」

なるほど、ちなみに住職は霊が見えたりするんですか？

「いやいやいや、ぜんぜんそんなの見えないよ。

特に信じてもないし。さっきゆうれいだらけとかいってたのは、あくまで予想とか比喩。本当になんかでるのはハッキリ見たことないなあ。

でもね、なんかわかるときはある。誰もいない広場で何人もの気配が走っていくような感覚があったり、足を擦られたような気がしたり、声が聞こえたり。声っていってもたいてい泣き声みたいなもので、言葉もなにいってるかわかんないけどね。土地供養を信じてぼくを呼ぶ企業や社長さん、結構いるんだよ。ゲン担ぎの一種かもね」

さっきいってた「いっぱいでてきたんじゃない？」というのはなんでしょう。

「ああ、人骨だよ」

え？　そんなの地面から、いまだにでてくるんですか？

「ほら、あちこちで工事とかするじゃない。

都内でも再開発とかいまだに繰り返してるからね。そのときに地面からでてくること、まあまああるんだ。それは空襲のときのものや大昔の墓だったりするんだけど、そういうとき、どんな事業であってもたいてい工事止めないの」

それはどうしてなのでしょうか?

「工期を間にあわせるようにするため。現場で作業しているひとたちはみんな知ってるんだよ。なんかすごい数の骨がでたって。それで作業を中断してたら、完成が遅れるから秘密裏に片付けるらしい……というウワサ」

ウワサですか、ただの。

「うん、ウワサだと思っていいよ。ウワサということにしといて」

そうですね、大問題ですよね……本当なら。

「ねえ、大問題だよね、本当なら」

いままで、いちばん変な現場はどこでした?

「たいていどこも変よ。たくさんひとが集まった場所が、がらんとしていたらなにか念みたいのが動きだすらしくて、声や人影が……みたいな話はたくさんある」

なにかあるのが普通なんですね。

「でも、いま思い浮かぶのは、さっきいってた、いまの現場。なんか飛び火しそうな感じの雰囲気があるんだよね」

先ほどもいっていましたね。飛び火ってどういうことですか？

「説明しにくいけど、他にも広がっていきそうな気配というか……そんな感じ」

その土地から外にでて変なことが起こっていく、ということですか？

「まあ、そういうことだね。ほら、大きな大会やったでしょ、ちょっと前に。その会場、建てる前の状態のとき、なにも儀式をやってないワケじゃないんだけど、なんか効いてないというか、範囲が大きすぎたのかな。人骨もゆうに百超える数があったって——あ、これウワサね。そういう人骨の数が多すぎるウワサのところは、むかしの空襲だと思うの。そこからなにか広がっちゃったせいか、いまの現場も熱くて熱くて、儀式の最中ずっと汗がダラダラ。何日か、かけてやるんだけど、もうね、ずいぶん痩せちゃったよ。ほら、カバンのなか着替えだらけ。一時間にいっかいストップしないと息が苦しくて酸欠。これあと何カ月かかるの？　って感じでイヤになってるんだ」

供養って大変なんですね。

「大変よ、めちゃ大変。だって死ぬひといるからね、儀式の最中」

亡くなるんですか……そういうときの死因ってなんでしょう？

「突然死。あ、でもそれは死因とはいわないか。心臓がどうこうってよく聞くけど、止まっちゃうんだろうね、いきなり。だけど、知っているひとりなんか、自分の手で自分の首絞めて死んでたってこともあったよ、ずいぶん前だけど。だから普段の生活でしっかり食べて、終わったらこうやってリラックスしないと、呑み込まれちゃう。そんなのイヤだから今日も飲んでるの。乾杯」

「百物語」

「私は静かにして息を殺し、ただ聞いていたんです。ちゃんと確かめようと思って——」

「……という話。なんだったのか、わからないままですが。ありがとうございます。

いやあ、怖い話でしたね。確かに静かな部屋ってしーんという音が聞こえてきそうですもの。なんかわかるわ。それでは百物語続けましょう。次、お願い致します。

——では、次はぼくが。これはね、ぼくの祖母が体験した話です。

祖母が子どものころ、田舎のあぜ道を歩いていると、むこうからニコニコ笑う女性が歩いてくる。着物で、美しい女性だったらしいです。祖母は、うわあ、こんなキレイなひと初めて見たあ、と見とれつつも歩いていく。

女性はすぐ近くまでくると、祖母に軽く会釈。

祖母も頭を下げて、女性の横を通りすぎた。

しばらく進んで、なんとなく気になって、祖母は振りかえる。

女性が全力で走っているところでした。さっきまで優雅に歩いていたのに。

祖母は目を疑った。なぜなら女性が走っていたのは水を張った田んぼ、その水面なんです。なんの音もさせず猛スピードで走り、途中でぱっと消えてしまった。

なにかの見間違いかとも思いましたが、水面に広がる波紋があったそうです。

その付近にはキツネがひとに化けるという伝説があったそうです。

祖母自身も、本当に人間に変身できるのだと驚いた、という話です。以上です。


いやあ、怖い話でしたね。キツネが化ける話は各地に残っていますからね。多分それを見たんですね。では百物語続けましょう。次、お願い致します。

——では、ぼくが。友人……仮にAとしておきますが、彼が体験した話です。

あるときAは、もうひとりの友人Bと心霊スポットにいきました。

よくネットに載っているような心霊スポットで、一家心中があったとか。

『わあ、すっげえ汚いな、ゴミだらけじゃん』

『落書きも多いし、雰囲気バッグンだな。まさしくザ・廃墟って感じ』

そんな会話をしながら奥にいくと仏間があって、仏壇が、ぽつんとありました。

やっぱり廃墟で見る仏壇ってひと味もふた味も違うっていうか、不気味なんです。

Aが『仏壇、ちょっと開けてみようぜ』とBにいいました。Bは『おう、お前開けろよ』とAにいいました。

『イヤだよ、お前開けろよ、オレ触って呪われたくねえもん』

『オレだってイヤだよ。お前が仏間に先に入ったんだから、お前が開けろよ』

『先に入ったとか関係ねえよ、オレ怖いもん。触りたくない。お前が開けて』

そんなやりとりをして、ジャンケンで決めようということになりました。

あいこが何度か続いてBが負けました。

『ったく負けちまったよ、じゃあ、開け……』

Bの動きが止まりました。

『お前負けたんだから、開けろよちゃんと。勝負ナシなんてナシだからな』

そんなことをいうAにBは震えながら『これ……』と仏壇を指さします。

仏壇の扉が開いていました。位牌がありました。その遺影の後ろに老人の顔。

生首というより、仏壇の奥から生えているような感じです。

老人はゆっくり、ゆっくり口を動かして――なにかをいおうとしている。

ふたりは『わああッ！』と悲鳴をあげて逃げだしました。

外に停めていた車に乗り込むと『見たかッ』とふたりで何度も確認しあいました。

それ以来、AもBも心霊スポットにむかうことはありませんでした。もうひとつ不思議だったのは、あんなに荒れ放題だった家なのに、仏間だけはなぜかゴミひとつ落ちてなかった、ということです。そんな体験でした、ありがとうございます。

いやあ怖かったですね。やっぱり心霊スポットなんか近づくものじゃないんですね。本当に呪われなくてよかった。では百物語を続けましょう。次、お願い致します。

――では、私が。この話は私自身の体験です。

小学一年生のときの夏休み、家族で父の実家に泊まりにいったんです。祖父も祖母も私には大変に優しく、私も大好きでした。食べたいものは食べさせてくれるし、欲しい物はなんでも買ってくれる。父や母が止めるほどだったので、よっぽどだったと思います。

ある夜、祖父と祖母にはさまれるような形で布団に入っていました。

ふたりともぽつぽつと話しかけてきます。

だんだん眠たくなってきたとき『おじいちゃんとおばあちゃんどっちが好き?』と尋ねられました。私が『どっちも好き』と答えると『タマヨのほうが好きよね』と返されました。私は誰それ? と思いながらも、うなずき、そのまま眠りました。

翌日、朝ご飯を食べているときにそのことを思いだしました。祖父に『タマヨって誰?』と聞くと『なんでその名前知ってるんだ、誰から聞いたんだ』と激怒しだしたんです。私は驚きながらも、祖父本人がいったことだと説明すると、祖父と祖母は顔を見合わせて、

『あのおんな、まだこの家にいたのか!』

そういうと、父と母に『お祓いをするから、予定を変えて今日帰りなさい』といいま

した。両親もどういうことなのかさっぱりわかっていなかったようです。
私たちはいわれるままに予定を早めて自宅にもどることになりました。
その日以来、父の実家にいくことはありませんでした。
ずいぶんしてから祖父には前妻がいたことを知りました。
そのひとが『タマヨ』という名前だったかどうかまではわかりません。
私の話は以上です。ありがとうございました。

いやあ、怖い話でしたね。なにかあったんでしょうね、その名前の女性と。きっと深い因縁かなにかが。さあ百物語続けましょう。では次のかた、お願い致します。

では次は私が。この話は私が以前、働いていた職場での話です――」

「私はずっと話を聞いていました。
この百物語はいったいどういう理由で始まり、どういう意味があって続くのかがわかりませんでした。ただ、すべてがハッキリとした声と発音であり、知識と経験に基づく話ばかりで、寒気を覚えました。このことを他人に話すと『それはきっと、本で読んだんだよ』や『テレビだよ、それを覚えたんだよ』とおっしゃるのですが、部屋の外から耳をすませて息を殺し、話を聞いていた私にとって納得のいくものではありません。息子はまだ九歳、自室でひとり、百物語をしていたんですから」

「居場所がない」

「ぼくもさ、出版社で働いて長いんだけど。むかし物書きの先輩がいたんだよ。それこそ長いこと本書いているからさ、だしてる本の数、何十冊もあって。彼の性格はね、なんていうのかな、ある意味お調子者？　ってことかな。女好き、説教好き、独身、酒は飲まないんだけど酒の場にはいくのね。歳は当時で五十前くらい。すぐ怒るの、とにかく、なんか知らないんだけど。いつもイライラしてるっていうか。

説教もね、長いの、とりあえず。みんなぐったりしちゃうの。物書きだから言葉を選んで短くわかりやすくすればいいのに、長いの。

いいひとなんだよ、根は。でも根なんてだれも気にしないだろ？　だから知らないひとは疲れちゃうの。あたり前だよね。

あるとき、誘われてさ。なんか文壇BARみたいなところに案内されて。

そこ、毎月、作家志望の連中が集まって飲み会やってるらしくって。版元の人間つれていったら喜ぶと思ったんだろうね。

店のなかは案外広くて、奥に大きめのテーブル席があって。先輩は『どうも、こんばんは』って礼儀正しくも偉そうに挨拶して。いつも座るから空けられているのか、お誕生日席の椅子に座って。

参加メンバーみんな若いのね。挨拶してたけど、その時点で（うわ、きた……）みたいなムード、オレ感じたもん。

んで、みんな最近読んだ本の話で盛りあがってるの。作家志望だからね、もちろん本は読む。生き生きした目で出版されたばかりの書籍、その作家の表現や感性を嬉しそうに語ってるの。初々しくも真剣に。

それがね、気に入らないんだろうな、先輩。やたら露骨に、新人作家の作品に否定的なご意見。みんな好きだっていってんだからさ、乗ればいいじゃん、話題に。

なんか知らないけどイヤそうに、こういうところはああだとか、ああいうところはそうすべきとか。しかもね、いつも同じ本の同じ個所の話らしくて。みんなが話題にしている本や作家の話じゃないの。ようするに新しいの読んでないんだよ。自分くらい長年やってると面白い本はわかるというけど、みんなこころのなかで（あんた売れてないじゃん）って思っていたはずよ。

もうね、先輩の話が長くなると、若者の目が死んでいくの。悲しすぎるわ。でもいちおう業界のひとってのは間違いないもんだから、みんな帰るワケにもいかない。苦痛の時間を耐えるしかない地獄。その先輩が亡くなったのね、病気で。入院してるとき、お見舞いにいったけど『あの店にも顔だしてやらんとな』とかいってた。誰も自慢話や説教なんて聞きたくないのにね。

で、亡くなったの。版元で葬儀出席したの、一緒に仕事したことないオレだけ。あまり好かれるタイプのひとじゃなかった、という現実が見えた時間だったよ。

ずいぶん経って、どれくらいかな、六年くらいかな、例の文壇ＢＡＲにいったの。マスターに聞いたら飲み会のメンバー、何人かがデビューして、いまも頑張ってるって。いまは飲み会、もうなくなっちゃったけど、あのときの輝きみたいなのを忘れてないのがマスター嬉しいってさ。

よかったな――オレもそんなこと思いながら飲んでたら先輩の話になって。

いまもくるっていうんだよ。は？　だよな。マスターいわく、ふらっと入ってきて奥のテーブルをのぞいて、ため息ついて黙ったまま帰るんだって。意味わからなくて、マスター、先輩死にましたよ、もうずいぶん前に、っていったら。

奥の席で、がたんッて音がして。見にいったら椅子が倒れていたよ。先輩が座っていた椅子。マスターは青ざめていたけどオレとしては（え？　いま知ったの？）って唖然とした。

死んでも誰か説教したくて、もうなくなった飲み会がまた開かれるの待ってた――。

そう思うと、性格悪い先輩でも可哀そうだよね。いまごろ成仏して……ん？　いま後ろの椅子、がたんッ」

「カウント」

「……寝たわね。静かになったもん」

「寝た。起きてるときはずっとしゃべってるからな。電池切れたみたいに寝た」

「これくらいの歳の子ってそうなのかしら、みんな」

「みんな……ではないと思うぞ。もっと大人しい子もいるし。こいつ元気すぎ」

「元気で前向き。そういうところはあなたそっくりね」

「でも、考えすぎるところもあるからな。そういうところはキミに似てるな」

「そうね、子どもって面白いわね。冗談みたいに半分ずつ受け継いでる」

「これ、どこ走ってるの？　近道？」

「うん、近道。高速乗るより近道かも」

「そうなんだ……悪いね、ずっと運転させて。大丈夫？」

「ぜんぜん平気よ。あなたと違って田舎育ちだから、車の運転好きだし」

「オレ、免許持ってないもんな。いまからでもとろうかな、免許」

「とにかく今日は、お父さんも喜んでいたみたいだし。よかったわ」

「喜んでいたな。孫の顔見れて。なんでいきなり会わせようと思ったの？　お前、お義父さんと仲が良くないのに」

「やっぱりね、一度くらい会わせなきゃって思ったの。ウチお父さんしかいないし、まだお姉ちゃん、結婚してないし。よく考えたら、いまの時代、結婚なんてみんなするかどうかわからないんだから」

「まあ、そうだね。結婚しないひともだんだん増えてるし」

「でしょ。最初で最後の孫になるかもしれないでしょ。そう考えたら、お父さんのことは好きじゃないけど、なんか義務より責任感じちゃって」

「なんかナーバスだなお前、最近」

「そう？　私ってずっとこんな感じよ。なんとなくいつも沈んでるの」

「それってネガティブってこと？」

「どうなんだろ。ネガティブなのかな。そんなことはないと思うけどな。ま、どっちにしても、少なくとも、ひとを裏切るくらいネガティブじゃないよ。

学生のころ、バイトしてたときさ、ネガティブな子がいて。おんなの子でひとつ年下だったんだけど、すっごい暗いの。声も小さくて、下向いてなにいってるかわかんないの。その子ね、ミスが多くてみんな困ってたのよね」

「バイトってスーパーだろ。どんなミスが多かったの？」

「レジ。レジのお金をちゃんと数えられないの。だから暗かったのか、わかんないけど。毎回、レジのお金数え間違えて、何回やっても正解がでないのよね。数えるたびに金額が変わるから。レジ締め終わらないの」

「そういうの苦手なひとっているよな。会社にもひとりいるよ。計算が苦手なやつ。パソコンに打ち込むだけなのに間違えるの、絶対。もしかしたら計算が苦手というより数字そのものが苦手なのかもな」

「数字がキライだから無意識のうちに大雑把に数えちゃって、数が増えてるのにも気づかず全部まとめちゃうのかもね。カウントができないのよ、あなたみたいに」

「カウント？　なんでオレなの？　オレ数えるの得意だよ」

「計算は得意かもしれないけど、きっちりカウントはできてない。愛情を注ぐ家族は私とその子だけで、他のおんなのひとは数えない。数え間違えているよね、あなた」

「なんの話してるの？」

「あのね、私知ってるの。あなたが浮気してること。

　誰かもわかってるよ。若い子好きだものね、あなた。

　この前の出張、出張じゃなかったよね。あれは旅行。いいな、旅行。私、最近ぜんぜんつれていってもらえない。数えたらもう四年もいってなかった。いいな、うらやましい。うらやましいな、いや違う、うらめしい、かな」

「あのさ、なんか勘違いしてない？　浮気なんてしてないよ」

「数えられないひとは途中で自分のミスに気づかないよね……どうしてかしら」

「ちょ、ちょっと、危ないよ。スピード落として、頼むから」

「なあに？」

「い、いったん車停めて、じ、事故る、でこぼこした登り道、危ないから停めて！」

「停めたらいいのお？　わかったあ」

「あ、ありがと。あのね、落ちついて、とりあえず、落ちついて」

「私、大丈夫よ。落ちついてるから。

ごめん、ちょっと飛ばしすぎたよね。停めたまま話すから聞いて。

あのね、この辺のひとたちって、食べていくのが難しくなったら、労力にならない家族を山にむかわせたんだって。それも決まった日に。なぜかわかる？

山って足を踏み入れちゃいけない日があるの。

その日に山に入ると、そのひとはもう消えて、いなくなっちゃうの。

むかしのひとたちはそれを知っていた。

その日にいらない人間を山で消してしまうの。

私のお母さんもお父さんの浮気が原因で、その日に山道に入っていった。見ていたひとの話だと、お母さんが歩いていたまわりの草木が音を立てて揺れていたって。

そのまま本当にお母さん帰ってこなかったの。

もしかしたら山のどこかで命を絶ったか、動物にやられたかもしれないけど。

村のひとは神さまに数えられたっていってた」

「か、数えられた？」

「そう。山の神さまって一年に数日は木を数えるの。

そのとき人間がいたら人間も木としてカウントしちゃうんだって。それが原因で消えてしまうの。むかしのひとは神さまのこの力を怖がっていたみたいよ……あのね、疲れたから、ここからは歩かない？　降りよう」

「あ、歩く？　なんで？　ここ、どこだよ」

「ほら、聴いて。草木が揺れる音。さあ。その子も一緒に、いこう」

「変なオトコ」

「ねえ……ちょっと、聞いて欲しい……ことが……あるんだけど」

「相変わらず、しゃべりかたマイペースというかトロいな。なんだよ？」

「この前ね……変なオトコと寝たの……すっごく変わってた」

「変なオトコ？　なんだそりゃ。お前のまわり、みんな変だろが」

「悔しくないの……オトコと寝たっていわれて……ヤキモチとかないの」

「ない。オレとなんの関係もねえだろ。今後もねえ。チューぐらいしてからいえ」

「チューはしたでしょ……ずいぶん前だけど」

「チューしたか？　覚えてねえ。もう一杯もらうぞ、バーテン、おかわりくれ」

「このクソが……まあいいわ……それで……こうやってバーで飲んで……意気投合して
……ずいぶん年齢上だったけど……かっこよかったし……ホテルいったのね」

「どこのホテルよ？　錦糸町か？」

「うん……それで……コトが終わって……ふたりとも裸で寝てたの」

「おかわりきた。ありがと。まあ、裸だろうな。ここで水着じゃ変だからな」

「黙って聞いて……それで目が覚めたら……バスルームから光が漏れてて……シャワーの音がするの……ああ……もう帰るのかな……聞いてなかったけど……もしかして奥さんとかいるのかな……とか……目をつぶって考えてたワケ……先にホテルでて帰られるの……私キライでしょ？」

「知るか。ホテル代ださなきゃいけないからか？　ケチなのか？」

「黙れ……それでね……ため息ついて寝返りうったの……カレ……横で寝てたの……じゃあ……誰がシャワー浴びてるのって……なるでしょ……私……確かめようと立ちあがったのね……湯気がバスルームの半開きの扉から流れてきてるし……その音が……ただシャワーをだしてる音というより……なにかにぶつかってお湯がはじけ飛んでるような音……誰かが浴びてる感じの……わかる？」

「おう、なんとなく音の違い、あるな。誰がいたんだよ、バスルーム」

「そっと近づいていったの……そしたら後ろから……おいって声かけられて」

「一緒に寝てたおっさんだな。起きたのか?」

「振りかえったら……手を動かしてこっちこいって……ジェスチャーしてるの。

『オレが見にいくから、お前はここで待ってろ』

そんなこといって……私の手を強く引っ張って……ベッドに座らせたの。そして自分が代わりに立ちあがって……バスルームにむかったのね」

「ちょっと待って。それふたりとも裸だよな、お前もそのおっさんも」

「だったら……なに……文句あるの?」

「いや、聞いただけです。すいません、続きどうぞ」

「カレ……しばらくしてバスルームからでてきたの。

でもシャワーは止まってない……まだ流れているのね。

『ねえ……大丈夫なの……?』

『大丈夫だ。心配するな、お前は寝てろ』

そのままスタスタ歩いて……自分のバッグ……大きめのクラッチバッグ。それ開けて……なにかとりだしたのね……そのまま……またバスルームに入って……始めたのよ……読経」

「読経？　お坊さんが唱えるやつ？」

「そう……お坊さんが唱えるやつ……わたしもう……びっくりして……口開けたまま……見てたのね……そしたら……いきなりバスルーム……真っ暗になって……シャワーの音も止まって……カレがでてきたの。

手になにか持ってたけど……よく見えなかった。

カバンからだしたものらしいけど……それをまたカバンに入れて。

『もう大丈夫だ。怖がらなくてもいい』

私の……頭を撫でて寝転がったの……そのまま……ちょっと寝て……朝になったらいなくて……帰ったみたいで」

「なんだよ結局、先に帰ったのかよ」

「わたしも……帰ろうと思って……シャワー浴びにバスルーム……いったのね。

そしたら……なにか踏みつけたの……びっくりして……足の裏を見たら……塩」

「塩？　塩ってソルトだよな？」

「そう……ソルト……バスルーム塩まみれ……それも……ものすごい量の……そっか……あのひと……塩持ち歩いてるんだって……なんかキモいなって……思った……それ

だけのハナシ」

「何者だったの？　その塩おじさん」

「……塩おじさんて……いわないで。わからないけど……なんか……読経とか……慣れたような感じだったように思えるでしょ……でも……バスルームから帰ってきたとき……そのひと超震えてたの……すごい……変なオトコでしょ」

「うん。確かにすんげえ変なオトコだわ。お前に似合ってる」

「……似合ってるだと……このクソが」

「忘れられない面接」

「書く？　そんなことして大丈夫？　オレから聞いたって絶対いうたらアカンぞ。使うとき口調も変えろ、方言とかごちゃ混ぜにして。わからんようにせなヤバいぞ」

了解、体験談のくだりは方言ごちゃ混ぜにして変える。面接のときの話頼んます。

「その会社の面接ってかなりテキトーだったたんだっぺ。

ちゃんとしていないとか、サボってるとかじゃなくて。とりあえず誰でも雇うっていうスタンスだべさ。社長が直接面接するんだけど、もう百パー合格なわけだべ。

それがいいことかわかんないけど続くやつは続くし、辞めるやつは辞めるっちゃ。

ま、そういうの、考えてみたら普通っちゃ普通じゃけのう。

社長も機嫌がいいときは面接始まった瞬間『合格！』と伝えるし、機嫌が悪いときは面接が終わってから『うん、合格』という結果は同じやけん。

ようするに、かなり楽天家なひとだったワケさ、その社長。

そんなお調子者な社長がある日、オレさ呼びだして、

『ちょっと、面接変わってくんろ？』

あんれま、そんなこというんだべ、珍しく。

『いいですけど、どうしたんだべか？』

『いいから、いいから。お前、ちょっと面接の続きやってやり』

『続きって、なに話すんですかのう？　面接なんてしたことないけん』

『前の職業とか、適当に聞いたらいいっちゃよ。やればできるき、やれ』

『はあ……そのあとで合格って伝えればいいんですかいのう』

『それダメ！　結果はあとで連絡するって伝えるべし、これ必ず守って欲しく候』

『あれ？　珍しいべ、まあ、わかりましたけん、ちょっとやってみるべ』

『私は急用で席を外したっていってちょーよ！　んだば、しっかり頼んだよ』

それでどっかいっちゃって。なんだあのひと？　とは思ったけど、引き受けちゃったもんだから仕方ないか、って応接室にいったべ。

座ってたのは男のひと。スーツ着て背筋伸ばして、なんの問題もないち。

とりあえずオレはむかいに座ったさー。

『すみません、社長が急用ででかけてしま……』

言葉が止まっちゃったべ。

そいつ、その男。目を見た瞬間、なんか怖いさ。

生まれて初めて寒気で固まったけん。怖いというよりビックリした感じがしたさ。

（うわっ、こんなヤツおるんや！）

そう思ったけん。なにがそう思わせるのかまったく説明できないべ。

目がただのガラス玉みたい――それがいちばん近い表現。

早く終わらせようと、なんとか頑張ってしゃべったわいのう。

すんなり終わったくさ。むこうの反応はずっと普通だったけど、もうマジで逃げだしたくなったべ。その男が会社の建物からでていくのを隠れて見届けて安心した。

社長も隠れていたらしくて、『どうやったべ？』とか聞いてくるさ。

あのひと、なんなんですかいのう？　なんであんな怖いんですかいのう？

『やっぱり怖かったか。お前さ、どこが怖かった』

『どこって目ですかね？　ほら、まだ手が震えているんじゃ』

『目か。私は手と肩が怖かった。手は理由わからないが肩はひとの顔？　あれはなに？　骸骨？　なんかよくわからんもんが、肩の上にいっぱい浮いてたぞ』

社長はなにかもっと気持ちの悪いものを見たらしいっちゃ。

オレはそういうのではないけど、世のなかって滅茶苦茶怖い生き物がおるねんなって思ったわ。もちろん社長は採用せず、断ったらしいべ。この話そんだけ。終わり」

その後、×××で○○もの○○を、××で△した事件の犯人ね。

「そう。ああいうのって△したから怖いんと違うぞ。もう、もともと過剰に異質な怖さがあるねん。オレいろんな怖いひと見たけど、あれは別格。同じ人間とは思えんかった。だっていまだに面接してるところの夢見るもん。ホンマに忘れたい思い出やわ」

「ねぶる霊」

「しってるで！　どうがのひと！　ママといっしょにみた！」

はい、そうらしいですね。ママとパパとは、むかしからお友だちです。

「いってた！　いっしょにさんにんで、おさけやさんで、おさけのんでたって！」

居酒屋です。そうです、よくいっていました。ママは飲まなくなったらしいですね。

「なにしにきたん？　こわいハナシするの？」

あれは仕事ですので普段はできるだけしません。キミのママとパパがいうには、ご飯の好き嫌いが激しく、そして玩具を片付けず、さらに勉強をせず、いわれても歯もみがかず、とどめに布団の裏にはお菓子を隠すという囚人のようなことをしているので、注意してくれといわれました。

「なんでそんなヘンなしゃべりかたなん？」

私は子どもにはできるだけ敬語で話すよう決めているからです。そういう大人もいるんですよ。というか、私の話を聞いていますか？　なぜ私がここにきたのか。わかっていますか？

「こわいハナシ、しにきたんやろ」

いいえ、多岐にわたり乱れたあなたの生活態度を注意しにきたんです。ちゃんということを聞かないとオバケがくると。つまりは両親に頼まれて脅しにきたんです。

「オバケなんかおらんって、ミイちゃんがいうてたで！」

ミイちゃんはどうでもいいです。なぜ両親のいうことを聞かないのでしょうか？

「あ、そうや！　ぼく、げこうのときオバケみたことあるで！」

思考が散漫な子に取材しても真偽に確信が持てませんが、どんなオバケですか？

「なんかな、がっこうのかえりみちな、おちてるマスクをひろったらアカンねん」

まあ、そうですね。清潔ではないでしょうし。

「もしな、マスクをひろったらな、オバケがくるねん。だからアカンねん」

それはオバケじゃなく不衛生で汚いとか、コロナの話ではないのでしょうか？

「ちがうで、オバケがくるねん。せんせいがいうてたもん」

オバケではなく、先生が教訓の意味あいをこめただけでは？

「オバケ、めがしろくて、マスクたべるねん」

目の白いオバケがマスクを食べる、ということですか？

「うん、あのな、がっこうおわったら、みんなでかえるねん、ならんで。いえこっちやのに、あっちのほうとかあるいて、みんなでとおまわりしてかえるんやけどな、そのとき、ほかのじょうきゅうせいのクラスのこ、こうやってゆびさして、オバケおるいうてな、みんなみたらな、どうろにおちてたマスクひろって、たべてるおとながおってな、めがしろくてな、こわがってみんなでにげたけどな、おまわりさんよんでつかまったけど、マスクおちてたらオバケくるから、はやくかえらなアカンねん」


という意味不明な話を、いま奥さんに寝かしつけられている、お宅のお子さまがいってたんやけど意味わかる？　軽く聞いていた割には、ちょっと興味深いんやけど。

「ああ、わかるで。なんかいま集団登校、集団下校してるねんけど、変質者がでたっていう話やわ、それ。結構騒ぎになったみたいよ」

マスク食べるってなによ？　新しい妖怪か？

「マスク食べるんじゃなくて、マスクを口に含んでしゃぶってるらしいわ」

ええ……気持ち悪いな。なんやそれ。

「いや、わからん。なんか目が白いとかどうとかいってたな。忘れたけど、五年生か六年生の子が先頭で引率して帰ってるらしいけど、その子が見つけたねんて」

完全に変質者やん。それで警察呼んで捕まったん？

「いや、それが、犯人どこにいるかわからんらしい。その集団下校の子たちに目撃者めっちゃおるんやけど、どこにおるかわからんとか、見えんかったとか、みんないろいろうて、結局わからん仕舞いらしい。ほんで『落ちてるマスクを拾って、しゃぶってた』ってなかなかのパワーワードやろ？　だから学校側で作ってる学級新聞みたいなのには、変質者に注意としか書かれてなかったみたいやで……でも、むかしはマスクしてるほうがゆうれいとか妖怪やったのに、いまは人間のほうがマスクしてるのも、考えてみたら変な話やな。あ、お疲れさま」

「やっと寝たわ。ごめんな、あの子おしゃべり大好きで大変やねん。マジで放っといたら一生しゃべってるわ。でもなんか動画のひとと会えたから、喜んでたみたい」

マスクの変質者の話してたてん。なんか目が白いんやろ？

「あ、違う違う、なんか子どもたちのなかでウワサなってるみたいやけど、ちょっと話が変わってるみたい」

「なんや。目は白くないんか？」

「目が白いんじゃなくて白目がないねんて。全部真っ黒な目玉らしいで。変質者にしてもおかしいから、もしかしたらホンマに妖怪とかゆうれいかもしれんな。見える子と見えへん子がおるみたいやし。

それのせいで集団下校延長になってるもん、どの学年も。もしゆうれいやったとして、どんな未練があったら落ちてるマスクなんか、しゃぶるんやろな。キモすぎるわ」

「落ちこむ理由」

すみません、ビールおかわりください。

「あんた、よく飲むね。オレももらおうかな、おかわり。家はこの辺かい？」

いえ、関東です。仕事終わって明日帰るんで。

「出張か。ん、なんだその本？　気持ち悪い表紙だな。怖い本か？」

ああ、はい、そうです。怖いの好きなんで。

「怖いの好きねえ。変わってるな」

本だけじゃなく話を聞くのも好きです。なんか怖い話ありますか？

「怖い話か。あるぞ。あんた人殺しって、見たことあるか？」

だれかを殺したひとってことですよね。まあ、あります。

「へえ、あるのか。そいつはどうして殺したんだ？」

交通事故が原因です。逮捕されて交通刑務所に入ってましたよ。

「事故か。もう刑務所からでてきたのか？　でてきてから性格変わっただろう」

でてきています。ずいぶん落ちこんで暗い性格になってました。可哀そうに。

「可哀そう？　殺されたひとのほうが可哀そうだろう」

でも、殺そうと思って殺したわけではないので。あくまで事故ですし。

「そうか。まあ……そうだな」

もしかしてお知りあいのかたに、いるんですか？

「いや、オレの幼なじみがさ、服役してんだよ。ひと殺して」

そうなんですか。どうして殺しちゃったんでしょうか？

「忘れた。くだらない理由だったような。本人にとったら重要だったかもしれんが」

そういうもんですよね。ひとから見たら、くだらなくても本人は大問題なんて。

「それがさ、捕まる前にオレ、よく会っていたんだよ、その幼なじみと」

もう殺してしまったあとですか？

「殺したあとだ。まだ警察にバレていないとき。変なことばっかりいってたよ」

なんていっていたんですか、幼なじみさん。

「ゆうれいとかっていると思う？　とか。バチってあたると思うか？　とか」

もしかして見たりしたんですかね、ゆうれい。それで？

「それでってどういう意味だ？」

それで、尋ねられてなんて答えたんですか？

「ああ。バチもゆうれいも、そんなもんあるワケないだろって答えたよ」

安心したようなようすでしたか？

「いや、そんなことはなかった。じゃあ、これどう思うって見せられた」

見せられた？　なにを？

「動画。そいつの嫁さんがそいつに送った動画だ。映ってたのはベビーベッドにいる赤ん坊。その奥。奥の寝室の窓から、スーツを着ている男がのぞいていた」

それはただ外から見ているひと、それか不審者だったのでは？

「ははっ、不審者か。ある意味そうかもしれないな。不審な感じはしたよ、確かに」

罪の気持ちから不審者をゆうれいと思ってしまった、かもしれませんね。

「いや、ゆうれいだよ。あれは」

どうしてそう思うんですか？

「そいつの家はマンションの高層階だ。その窓の外にひとは立てない」

なるほど、家にいったことあるんですね。

「まあな。あと、つぶれていたし」

つぶれていた？　なにがつぶれていたんですか？

「顔だ。バットを使ったらしい。映像だけど初めて見たよ、本物のゆうれい」

では本当にいるんでしょうね、ゆうれい。

「ああ、いるな。もう信じてるよ、おれも。なんせ被害者も知りあいだからな」

被害者も知りあい？

「そうだ。被害者も知ってる。そいつも同じ幼なじみだからな」

それはお気の毒に……いまはどうなんでしょうね。面会とかいきました？

「いまも鉄格子からのぞくってよ」

じゃあ、やっぱり動画以外でも見ていたんでしょうね、ゆうれい。

「そうだろうな。あんたの知りあいと同じだ」

なにが同じなんですか？

「あんたがさっきいった、車で事故のやつと同じじってことだよ」

同じですか？

「ああ、同じだ。そいつも落ちこんで暗い性格に変わってるよ。自業自得だな」

もしかしたらぼくの知りあいも、同じような体験をしているかもしれませんね。

「殺されたら、ゆうれいになって窓からのぞきにくる――そういうものかもな」

のぞくというか、睨みにきているかもしれませんね。

「顔がつぶれていてもな。まあ、自分を殺したやつなんて許すわけないだろうし」

「優しいサプリ」

「絶対いいから、Yちゃんも使いなって。これ。ぜんぜん肌の調子変わるから！」

「無理！　既製品ならともかく、自作のサプリなんて無理無理！」

「ぜんぜんわかってない。これただのサプリじゃないんだよ。果物を何万個ぶんも圧縮したみたいな超特別品なんだよ。もうね、本来の力とりもどしちゃうよ、きっと」

「何万個？　そんなことどうやったらできるのよ！」

「確かめようがないのがまた信用あがるでしょ」

「信用さがるから！　やめてってば、あははっ、もう、なんでくすぐるの！」

「わかった。そこまでいうなら、次これ。このサプリ特別なんだけど、これはね……」

その友人、自作のサプリどうやって作ったんですか？　初めて聞いたんですが。

「市販のもののカプセルを空にして、なかに自分で調合したキモい粉末を入れるんです。その子、前は不気味な自作のサプリなんか渡してくるような、そんな子じゃなかったんです。心霊現象が原因でそうなりました」

ここからが本題ですね。なにがあったんですか。

「詳しくわからないところもありますが、要約すると心霊スポットで相当ふざけてきたんです。一緒にいった男の子たちと物を壊したりして、荒らしてきたとか。

確か『六人でいった』といっていました、その心霊スポットに。

帰ってからしばらくして三人が順々に事故にあい大怪我。

まだなにも起こっていない子たちが、その彼女に相談してきたらしいです」

「アイツらの事故、ヘンだよ。順番だし。あのさ、次はオレたちの番じゃね？」

「だから『心スポなら男の子たちだけでいけば？』っていったのに。最悪」

「お前だってずいぶん楽しそうだったじゃん。オレ、お祓いやってもらおうかな」

「お祓いなんて効くの？　そもそもどこでやってもらうのよ」

「検索したらでてくるだろ多分、なあ、オマエも一緒にいこうぜ」

残った三人でお祓いにいったんですね？　どこにいったのかわかります？

「普通の神社らしいです。感想は『こんなので大丈夫なの？』という不安なものでした。お祓いを受けた翌日、三人のうちひとりが急病で倒れました。残った友人と男の子はお祓いが効いていないと思い、慌てふためいたようです。不安になった彼女はまだ無事の男の子に電話をしました」

「あ、もしもし？　私だけど？　そっちは大丈夫？　私なんか怖くてさ……」

「おう！　大丈夫だよ、いま新幹線だけど」

「新幹線？　なんで新幹線なの。どっかいくの？」

「いってきた帰り。でもすぐに帰らず、どっかに泊まろうかと思ってさ。移動中」

「危ないよ。あいつ倒れたって。お祓いしてもらったのに効いてないみたい」

「あ、知ってる知ってる。だからまたいってきた。今度は本物っぽい感じだったよ」

「またいってきた？　どういうこと？」

「もう不安だからさ、北陸の霊媒師のところいって、もういっかいお祓いしてもらったんだ。もう終わった。安心したから、遊んで帰ろうかと思ってさ」

「またお祓いしてもらったの？　どうしてひとりで……なんで誘ってくれないのよ」

「忙しいかと思って。お前もどっかでお祓いしてもらったほうがいいんじゃない？」

「あんたが心スポいこうっていったから、こんなことになったのに……裏切者」

「うるせーよ、知るかよバカ。こういうのって自己責任だろ。へへ。オレはもう大丈夫だから、あとはお前だけだぜ。はやくしないと、知らないよーん。じゃあな」


イヤなやつですね。それからどうなりましたか？

「男友だち、その夜のうちに、繁華街でケンカに巻きこまれて重傷を負ったらしいです。それはちょっと、ざまあみろ的なんですが。残ったのは彼女だけ。もう怖くて怖くて仕方がない。お祓いを受けても、どこに移動してもムダなのが証明されたので。警察にかくまってもらおうとさえ考えたようです。もちろん、そんな理由で警察は」

守ってくれませんね。お祓いもダメ、逃げてもダメ。どうやって……え、サプリ？

「そうです、そろそろサプリにつながっていきます。続けますね。

ひとりでお祓いにいった彼が重傷を負ったことを報された彼女は、もう逃げきれないと思いました。家中の明かりをつけてひとりで震えていたそうです。家のほうが安全なのに、家にいるのが怖い。誰かに助けを求めようともしましたが、仲が良いと思っていても、あんなに簡単に裏切られたことが頭をよぎってしまう。もうイヤだ、自分にはまともな友だちがいない。そんなことを思いながら町を歩いていたようです。

ひとの多いところも怖い、ひとがいないところも怖い。

私はひとりだ。私はひとりだ。もう誰も助けてくれない。

恐ろしさと孤独でたまらなくなった彼女は、震えながら道端に座りこんで泣いていたそうです。たくさんのひとが彼女の横を通りすぎていくなか――


「どうしたの、お嬢ちゃん。お腹痛い？　こんなところで、しゃがんで」

「ひッ！」

「大丈夫よ、おじさん、あそこの店のひと。怖がらないで。どこ痛い？」

「ふ、ふ、震えが、と、とまらなくて」

「あれま。風邪かな？　お薬ちょっとわけてあげる、おいで。こっちこっち。

車、気をつけて、ほらこっち。ほい、ほい、ほい。

──変な店だけどね、さあどうぞ、入って入って。ドアは開けたまま、どうぞ」

「こ、ここは、なに、な、何屋さんなんですか……?」

「漢方よ。ほらおじさん見て。仙人みたいな長いヒゲでしょ。これ変な帽子。いかにも漢方詳しそうな服装ね?　ひとは知識だけじゃダメ。服装も大事大事」

「か、漢方?　漢方って、なんですか?」

「あれれ。漢方知らない?　薬草よ、薬草。自然にあるもので、だいたいのこと解決しようとするのが漢方薬。この店はいっぱい、いろーんな漢方のお薬があるの。お嬢さん、問題教えて。震え?　寒い?　熱あるの?　おじさんに教えてくれたら──」

「あの、死んだひと、ゆうれい、そういうのなんとかするお薬……ないですよね」

「あるよ、ちょっと待ってね、わけてあげるね」

「あ、ある?」

「はい、お待たせ。これ飲んで。怖くなったら。毎回ちょっとでいい。ほら、サプリ。サプリみたいに使う感じ、大丈夫、これ、普通に食べれる、ただのキノコの粉ね」

「あ、ありがとうございます、あのいくらですか?」

「お金いいよ。おじさん、声かけたから。また遊びにきて」

「でも、お金……」

「なにかあって泣いて、うずくまって休憩したら、また前むいて歩いて。美味しいもの食べて元気だして。怖がる、それ続ける、臆病になるね。臆病、なんでもひとのせいにして、気がついたら可哀そうな悪いひとになる。イヤなことあっても、後悔あっても、前むいて笑って、ひとのせいにせず、誰かのこと助けてあげて」

「……ありがとうございます、ありがとうございます」


「これで終わりです。結局、彼女にはなにも起こりませんでしたとさ」

なるほど、そこからサプリにハマるようになった。

彼女の自家製サプリは漢方でつくられているんですね、きっと。

「そうです。さて、私が逆に聞きたいんです。他の子たちは全員、不幸に襲われました。なぜ彼女だけ助かったのでしょう？　本当にそんな漢方あるんですか？」

ありますよ。不思議なことに存在します。その漢方店のおじさんが、普通に食べられるキノコといっていたので、おそらくレイシです。漢字で霊芝と書き、日本ではマンネンタケといいます。基本的には健康維持のためのものですが、さまざまな効能のひとつに

「魔除け」があります。

これは少し珍しい話です。経口摂取でのお祓い、口から体に「魔除け」を取り入れて効き目があったという話ですから。その後、彼女は元気なんですか?

「もう、元気すぎますよ。人助けのつもりなのか、求めてもないサプリを渡してきますからね。でもその漢方店のおじさんと仲良くなって、いろいろ教えてもらってるみたいですよ。ふふ、今度会ってあげてくださいい、彼女は私の大切な友だちなんで」

「愛しき骨」

ご無沙汰しています。すみません、お忙しいのに。今日はありがとうございます。

「ヒマなんでいいですよ。今日は休みです。それに、こちらが頼んだワケですし」

あの周辺で調べたことをまとめてまして、予想より遅くなってしまって、どうもすみません。以前、住んでいた公園前のアパートの付近、だいたい調べてきましたよ。

「いろいろある地域っていってましたもんね。なにかわかりましたか?」

なんとなくわかりました。いえ、なんとなくというか、だいたいわかりました。確認のためにお手数ですが、もう一度お話を復習させてもらってよろしいでしょうか。

「いいですよ。ということは、動物虐待……やっぱり事件性があったんですね」

なので、もう一度お願いします。勤めていた工場の近く、静かな住宅街の公園の前にあるアパートに引っ越した。近いから、という理由であっていますよね?

「はい、アパートから自転車で五分くらいのところです。まあ、おっしゃる通り近いので、昼休みになるとアパートに帰っていました。ご飯を食べるためなんですけど。あれは秋でした。涼しかったし。日当たりもいいから、たまにはアパートの前にある公園のベンチで食べたいと思いまして。インスタントラーメンにお湯入れて、缶コーヒー持って外にでたんです。ベンチに腰かけて割り箸で食べ終わって。ホントはダメなんですけど、煙草吸いながら。公園はぼくだけで、他に誰もいませんでした。

なんとなく、自分が借りている部屋があるアパート眺めてたら、裏の駐車場あたりですかね、なにか飛びだして、公園の茂みに入ったんです。ハッキリとは見えなかったけど、すぐにネコだってわかりました。なんか変だったんです。ぼやけてるというか、素早すぎるというか。走ったというより真横に飛んだみたいな動きで。ちょうどボールを低く、でも、まっすぐ投げたみたいな感じです。そこまで気にならなかったんですけど、ぼくネコ好きで見たかったんで、でてこないかなと思ってました。茂みから、すぐでてくるだろうと見ていたんですけど、ぜんぜんでてこなかったんです」

それが一回目ですね。しばらくってどれくらいの時間、見ていたんですか？

「どれくらいかな。んん、ほんの数分くらいですよ。そのうち缶コーヒーもなくなったしベンチから立ち上がり、アパートにラーメンの容器やらを捨てにいって、そのまま工場にもどりました。ネコのことは、もうすっかり忘れていましたね。ふふ」

公園を囲っている普通の茂みですよね。ネコが入った茂みの位置は覚えてますか?

「覚えていますよ。普通の茂みです。詳しくないので、なんの植物かは不明ですが。

ある夜、工場の同僚と繁華街まで呑みにいったんです。帰るとき、タクシーのなかで、もうちょっと呑みたいなって話になって。ぼくの部屋で呑もうってことになりました。近くのコンビニに停めてもらって。ビールやらツマミやらを買い、アパートにむかいました。話しながら公園の横を歩いていると、同僚の相づちがなくなって。横を見るといない。振りかえったら同僚が立ち止まって公園の茂みを見ているんです」

確か、あのネコがいたところとは違う茂みでしたよね。

「昼間に目撃したところとは別の茂みです。同僚を見ると、驚いていたので、

『なんだよ、どうした? 小便だったらウチでしろよ。もう目の前だし』

『いや、なんだろ、いまそこに……なにか白いのが』

彼は身をかがめながら眉間にシワをよせて、そんなことをいっていました」

彼は「白いの」とだけいったんですよね。ということはハッキリ見たワケではない。

「そうでしょうね。なにがそんなに気になったのか、やたらと真剣なんですよ。『ネコだろ？　この辺けっこう多いんだよな』『お前の家って、もしかしてそこのアパートか？』アパートを指さすんで、ぼくはうなずきました。するといきなり態度が変わって、『……おれ、今日は帰るわ。用事思いだした。また呑もうぜ』は？　と思いましたが、そのまま本当に帰っていきました。ワケがわからない」

あなたは茂みのなか、ネコがいるかどうか確認しなかったんですよね。

「はい、そうです。酒も入っていたので、ひとりで文句言いながら帰りました。寂しいなあ、つきあい悪いやつだなあって。部屋でひとり呑みして、さらに酔っぱらって。スマホで音楽流してたんですけど、その合間に外からネコが鳴く声が聞こえまして」

寂しかったんで、なんとかここまでネコを呼んでやろうと思ったんですね。

「ベランダ開けて外にでて。ネコの声真似みたいなのをしてたんです。こっちこい、みたいな意味を込めて『ニャー』みたいな。恥ずかしいけど、酔っぱらってたんで」

ベランダというか一階なのでテラスですが。けっこう大きい声で呼びました？

「へえ、テラスっていうんですね、知らなかった。ずっとベランダっていっていました。

大きい声だったと思います。するといちばん近い茂みがちょっと動いたんです。

『お、いるいる。こっちこっち。こっちにおいで』

もう一度鳴き声の真似をしたら顔出したんですよ、可愛い子ネコが。

『こっちこっち、おいで、おいでよ。おいで』

なんかネコが食べられるようなもの、あったかなって考えて。台所にツナ缶あったのを思いだして台所にいき、ツナ缶をしまっているシンクの上の棚に手を伸ばしました。酔っぱらっていたのもあって手ぇ滑らしてシンクにツナ缶を落としたりしつつ、フタを開けて、テラスを見て嬉しくなりました。白くて可愛いネコがきていたんです。多分、フタを開けたからニオイがしたんでしょう。食べたそうにこっちを見ていました」

ツナ缶をシンクに落としたとき、がんッ！　みたいな音がするのでは？

「もちろんそうです、けっこう大きい音がしましたよ」

その音でもネコはびっくりせず、近づいてきていたということですよね。

「逃げようとしたけど、ツナ缶のニオイの誘惑に勝てなかったのかもしれません。テラスの戸は開けたままだし、なんとか部屋に入ってきて欲しいなと思いまして。

『おいで、ほら、ゴハンあるよ、美味しいよ、おいで、おいで』

甘い声をだしながらしゃがんで、ツナ缶を床におきました。

子ネコはしばらくじっとしていましたが、ぱっとすごいスピードで移動してきました。ツナ缶を通りすぎて、ぼくの足元にまで。おお、人懐っこいな、って頭を撫でたんですけど、触られたことにびっくりしたのか、またすぐにテラスのほうへ移動して、そのまいなくなっちゃって。ネコって動き、めちゃ速いですよね、ホント」

ツナ缶には興味を示さなかったんですよね、子ネコ。

「そうですね、見向きもしてませんでしたよ。ネコってツナ缶とか食べますよね」

まあ、食べたことなかったから、わからなかったのかもしれませんよね。味というのも経験で覚えるものですから。部屋に入ってきた子ネコ、どんなようすでした？

「大人しかったです、動きのわりには。ぼくは触れたことが嬉しかったのと、なんだか痩せたネコだなあ、と思いました。逃げてから（まだ触るの早かったかなあ、次はもうちょっと警戒心を解いてから触らないといけないな）とか考えていましたね」

それが二回目で、三回目はひと月ほど経ってからですよね。

そのときは学生時代からの友人たちと呑みにいき、アパートに帰ってきてからテラスの戸を開けたままベッドで寝た。そう、もし子ネコが訪れてきても自由に入ってくることができるように。なおかつ今度は入ってきてもあまり相手をせず、こちらから近づくことも呼ぶこともせず警戒心を解く作戦にでた、ということですよね。

「その通りです。キャットフードを買って皿に入れて、部屋の真ん中においてました。ドライフード、あの粒つぶのネコが好きそうなやつです。ベッドで寝転がっていたら、いつの間にか寝てしまって。気がついたら部屋のなかで子ネコの鳴き声。お、きてるきてる！　と喜びましたが、ぐっとガマンしました。そっと薄目を開けて見たら、思った通り子ネコがいた。しかも一匹じゃない、動き回っていたけど三匹以上はいました。多分、兄妹なんでしょうね、みんな同じような白い子ネコです。うわ、やった、こんなに遊びにきてくれていると喜びましたが、急に動いたりして驚かせたらまた逃げられてしまう。むこうは当然、ぼくがいることをわかっているハズですから。ぼくが部屋にいることをあたりまえの状態にして、むこうからぼくに懐くようにしなきゃいけないと思ってまったく動かなかったんです。ときどき薄目を開けて見ました。

わあ、小さいな、愛おしいな――あ、寝ているぼくの手元に一匹きてくれた。頭を撫でてくれっていってるみたいに擦りつけてくる。ちょっとくらいなら撫でてもいいかな。いや、まだ早い、いまみたいな夜を何度も繰り返したら、きっと頻繁に遊びにきてくれるようになるぞ。自分の部屋がネコカフェみたいになったらいいな、そうするには、この状態を何度も繰り返して……いや、でもちょっとくらいなら撫でてもいいか、三匹以上いるみたいだし、頭撫でても逃げるのはこの手元にいる子ネコだけのはずだし。ま、いいか、この子ネコだけでも。ではちょっと失礼して、ゆっくり――」

撫でたんですね、手元の子ネコだけ。眠ったふりをして目をつぶったまま。

「はい、そうです。ちいさくて可愛いなと思いました。むこうも撫でられて喜んでる感じがするんですよ。頭をまだ擦りつけてくる。やっぱり人懐っこいんだ、子ネコって。わかんないけど、いま撫でてるのこのあいだ部屋にきたやつだよな。あれ？　なんかおかしいぞ、手元にいる子ネコ、なんかざらざらした感触がする。毛がない感触がする。このあいだと違うな、いや、確か――このあいだもこんな感触じゃなかったか？　なにか変じゃないか、これ。他の子ネコもなんか、同じような見た目だったけど、みんなこんな感触なのか？　その前にこの子ネコたち、足音がしない。ネコだからあたり前か。もう一度、薄目で見てみよう。どこだ、他の子ネコ？　もう帰ったのかな？　いた、やっぱり可愛い――ん？　えらく痩せてるな、まっすぐ動いてる、これどっかで見たな、そうそう骨格標本、そっくりだ、骨だ、これ。骨の子ネコがいっぱい部屋のなかに、いる。

ということは、もしかしたら、いま手で撫でている子ネコも――」

そこであなたは骨のネコだと気づいて、悲鳴をあげて飛び起きた。

「はい、その瞬間、部屋のなかにいた子ネコたちは一瞬でテラスに移動して、外へ逃げていきました。動きが足を動かしてなかったんです。しゅッ、しゅッと飛ぶように外に移動していきました。昼間に見た公園での動き、そのままです。奥の台所にいたやつがぶつかったんでしょうね、餌のドライフードを入れた皿が音を立て引っくりかえり、部屋中にぱらぱら散らばりました。夢かとも思いましたが散らばったドライフードが実際に目の前にある。慌ててテラスの戸とカーテンを閉めて震えていました。酔いも抜けちゃって、もう眠れません。電気をつけたまま朝まで起きていました」

確かそのあと部屋中のドライフードを片付けたといってましたね。どうやって？

「はい、いいました。片づけましたよ。どうやってとは、どういう意味ですか？」

掃除機を使ったとか手で拾ったとか。正式な名前は知りませんが、床を掃除するときに使う、テープの粘着で掃除する道具、コロコロみたいなやつで片づけたとか。

「なるほど。手で拾いました。まだ夜でしたから。掃除機は音がうるさいので」

ならば量が減っていたかどうかわかるんじゃないですか。減っていましたか？

「確か引っくりかえった皿に手で入れて……そういえば減ってはいなかったような」

そうでしょうね。翌日、明るくなっても怖かったから実家に電話したんですよね。

「はい、仲良くしている霊感があるひとに母が相談したらしく。その日のうちに連絡があって『金だすからすぐに引っ越せ』っていわれちゃいまして。引っ越しました」

お母さんは相談した「霊感があるひと」になにかをいわれた。それを説明はしてくれなかったけど、なにかを知っているみたいなようすだった。そうですよね。

「そうですね。ため息ついて、忌まわしいことにぼくがかかわったのを呆れているようすって感じに思えました。ぼくもずいぶん混乱していましたから。ワケのわからないことを信じようとしてましたもん。未確認生物みたいに『骨の生物』が実は存在するんじゃないか、とか。でも母親が『都会者は命を粗末にする』といっていたのを思いだしてピンときたんですよ。以前、この付近で動物虐待があったんじゃないかって」

そして私にあの付近で動物虐待にかんする事件がないか、調べて欲しいと連絡をしてきたんですね。調べた結果、そういった騒ぎはあの付近でありませんでした。

「動物虐待の事件はなかった、ということですか？　じゃあ、あの子ネコは？」

動物虐待がなかったかどうかはわからないですが、調べたところ事件になったような過去の確認はできませんでした。かわりといってはなんですが、あなたのアパートの近くの物件で——押し入れから骨が発見されたという事件がありました。それも複数の。二十年以上も前の話ですが間違いありません。きっと同僚さんはその事件を知っていたんでしょう。だからあなたに、ここに住んでいるのかと尋ねたんです。骨をおいたまま引っ越した住人の女性が事件の犯人でした。もうすでに逮捕されています。

「ほら、当たってた。やっぱり子ネコが殺されていたんじゃないですか、実際に」

いいえ、違います。なんと申したらいいか……発見されたのは動物ではありません。

「動物じゃない？　その物件で発見された骨はいったいなんだったんですか？」

なにを考えていたのかわかりませんが、逮捕された女性は何年も同じことを繰り返していたようです。育てたくなかったのか、部屋でひとり、出産しては殺害。あなたはあなたがいう骨の生物を、近くで目撃したとき必ずお酒が入っていましたよね。

「そうですね……記憶はありますが、毎回かなり酔っていたのは間違いありません」

目もかすんでいたとか。お酒が入ると視力がかなり落ちるんじゃないでしょうか？

「確かに目を細めないと見えにくいです。あの……いったいなんだったんですか？」

そうじゃなかったら気づけたかもしれません。あなたが撫でたのは子ネコではなく、白骨の赤ん坊です。

あとがきコメント

「朝から不気味」お酒と霊現象は相性がいいようですね。
「あなたですよ」ご購入ありがとうございます。
「これ守れよ」六割って残念ですよね。
「かくれんぼ好き」かくれんぼの怪談も多いですね。
「条件つきの物件」変な条件の賃貸ってあります、実際。
「怖いの通りこして」青いネコ型ロボットてw
「理不尽多し」こんな世の中、ポイズン。
「――を探して」声が聞きとれない話って怖いです。
「縁切神社の暴走」吉田会長もこんな話していました。
「踏切の箱」具体的な対策ですよねw
「タクシー怪談四」大変なお仕事ですよね、考えてみれば。
「それはいえない」情報の欠如こそが怪談の要。
「万引きの疑いあり」ちょい盛りました。噛っている首が入っていたそうです。
「テンション高め」これって怖い『転校生』ですよね。
「来なくなった客」喫茶店て言葉、聞かなくなってきました。
「偶然なる不愉快」会話だけにすると変な話ですね。この本全部か。
「電波のような存在」パパ、頑張りましたねw
「ランニング除霊」後輩のほうが怖かったというお話。
「ボブヘアのおんな」これ本当もっと怖い話なんですよ。
「降臨しない神」食べもので人生変わると本気で思います。
「厄除けの植物」菖蒲、効能あるんですかね？
「火炎放射器」そのあと現れなくなったそうです。火で解決w
「路地にて」天王寺区っす。
「土手にて」埼玉っす。
「冗談のような話たち」最近の連絡網すごいですw
「タイの意味」たい焼きはときどき食べたくなりますね。
「浮かんで待つ」語り継いでいきたいですね、こちらの話も。
「廃屋の顔」怨みの力は恐ろしい。このあと、この家……。
「墓地を売った住職」お寺の墓地って触らないほうがいいみたいですね。

「ひとりホテル初日」最近の話のように変えました。
「首吊り倉庫」倉庫も自殺多い説。
「冷蔵庫おんな」この話のせいでペペロンチーノ不味くなりましたw
「嬉しそうな声」フロントも雰囲気怖かったです。
「見下ろす頭」雪ってすごいですね、ホント。
「苦情がくる部屋」イヤな部屋ですよ。
「腐った部屋」洋画ホラーのような部屋でした。
「宴会場B」ここね、なんか怖かったっす。
「まま」もう気持ち悪いんですよ、とにかく。
「報告」逃げるひとばっかり。もうヤダw
「思いかえせば」検索したら、もう営業はしていないようです。
「狂った若者」CD聞きました。ヤバいですよ、マジで。
「老婆がいる」ポケモンのプレゼントも台無しですよね。
「滅びの道へ」まあ、もっともではあります。
「お祓いしてた平屋」偶然見かけただけなのに。
「天袋で死んだ」なぜか天袋って怖いんですよね。
「感染した呪い」よくない感じでしたよマジで。
「消えた三人」理由はカットしましたが、もう探す意味はありません。
「土地供養専門」いろいろな仕事がありますねえ。
「百物語」これはね、除霊が長引いたらしいですよ。
「居場所がない」寂しい話です。私もそうなることでしょう。ファック。
「カウント」無事です。抱っこして山を走りまくり。追跡者は奥さん。怖っ。
「変なオトコ」一緒に呑んでるのは私。低血圧の彼女、美人ですが実はオトコ。
「忘れられない面接」そういうひと、会ったらわかるんでしょうか。
「ねぶる霊」これはキモいです。霊でも人間でも。
「落ちこむ理由」みんな同じようになる理由、というお話ですね。
「優しいサプリ」個人的に好きな話。中国のかたの漢方店だそうですよ。
「愛しき骨」あなたが毎晩撫でているのは、本当に猫ですか?

最後までお読み頂き、ありがとうございました。機会あればまた。

糸柳寿昭

怪談聖　とこよかいわ

2022年7月6日　初版第1刷発行

著者……………………………………………………………………… 糸柳寿昭
デザイン・DTP ……………………………………… 荻窪裕司（design clopper）

発行人…………………………………………………………………… 後藤明信
発行所…………………………………………………………… 株式会社 竹書房
〒102-0075　東京都千代田区三番町８－１　三番町東急ビル６F
email：info@takeshobo.co.jp
http://www.takeshobo.co.jp
印刷所……………………………………………………… 中央精版印刷株式会社